JULIE WATSON

BIEN MANGER
À BON PRIX

ÉDITIONS DU TRÉCARRÉ

Données de catalogage avant publication (Canada)

Watson, Julie V., 1943-
   Bien manger ... à bon prix
   Comprend un index.
   Traduction de: Heart smart cooking on a shoestring.
   ISBN 2-89249-404-4
   1. Régimes pauvres en cholestérol — Recettes. 2. Cœur — Maladies —
Prévention.   I. Titre.
RC684.D5W314 1991   641.5'6311   C91-090838-9

Traduction: Julie Côté

Conception de la couverture: Dufour et fille desing inc.

Photographie de la couverture: Fred Bird

Photographie de la couverture: Soupe aux légumes consistante (page 14)

Illustrations: Emma Hesse

Composition et montage: Ateliers de typographie Collette inc.

ISBN 2-89249-404-4

Dépôt légal 4ᵉ trimestre 1991
Bibliothèque nationale du Québec

Imprimé au Canada

Éditions du Trécarré
Saint-Laurent (Québec) Canada

1 2 3 4 5   95 94 93 92 91

Table des matières

REMERCIEMENTS

Je désire remercier les personnes suivantes pour l'aide qu'elles m'ont accordée au niveau de la recherche et de l'élaboration des recettes, ainsi que dans la réalisation de cet ouvrage.

Membres du Prince Edward Island Cookbook Comittee
Karen Jones, Directrice de l'Éducation, Fondation des maladies du cœur de l'Île-du-Prince-Édouard, qui a étroitement collaboré avec moi aux phases initiales du projet.
Elizabeth Newson, présidente du comité, coordonnatrice de la nutrition, Département de la santé et des services sociaux, Île-du-Prince-Édouard.
Debbie McCrady, Marketing Home Economist, Hog and Egg Marketing Board, Île-du-Prince-Édouard.
Valerie Kelly, Home Economist, Extension Marketing Representative, Department of Agriculture, Île-du-Prince-Edouard.
Shelley Murphy, Home Economist, Department of Fisheries and Aquaculture, Île-du-Prince-Édouard.
Donalda Clow, directrice de l'Éducation, Fondation des maladies du cœur de l'Île-du-Prince-Édouard.

Ainsi que:
Carol Dombrow, consultante en nutrition, Fondation des maladies du cœur du Canada.
Ethel Beamish, Metro Social Services, Toronto, Ontario
Ellen DesJardin, Community Nutritionist, Ville de Toronto, Department of Public Health, Toronto, Ontario
Pam Hatton, coordonnatrice Cœur Atout, Fondation des maladies du cœur de Nouvelle-Écosse, Halifax, Nouvelle-Écosse
Karen J. Johnston, directrice de l'Éducation, Fondation des maladies du cœur du Manitoba, Winnipeg, Manitoba
Carolyn Chu, nutritionniste, Child Hunger and Education Program, Saskatoon Community Health Unit, Saskatoon, Saskatchewan
Suzanne Mahaffey, nutritionniste, Heart Health Project, Saskatoon Community Health Unit, Saskatoon, Saskatchewan
Margo E. Bent, nutritionniste-consultante, Fredericton, Nouveau-Brunswick
Patti Slattery, BCDNA Representative, Hôpital Général de Vancouver, Vancouver, Colombie-Britannique
Association des diététistes et nutritionnistes de la Colombie-Britannique, Vancouver, Colombie-Britannique
Huguette Cloutier, RDN, Reach Community Centre, Vancouver, Colombie-Britannique
Joanne Leslie, directrice de l'Éducation et des Communications, Fondation du Cœur de la Colombie-Britannique et du Yukon, Colombie Britannique
Jean K. Thompson, nutritionniste communautaire, North Shore Health, Vancouver, Colombie-Britannique
Elderly Services Branch, Metro Social Services, Toronto, Ontario

Je manifeste également ma vive gratitude à toutes les personnes âgées, aux organisations, aux auteurs d'ouvrages sur l'alimentation, au personnel des supermarchés, au personnel des banques alimentaires et aux autres personnes qui m'ont donné un aperçu des habitudes alimentaires des Canadiens et des Canadiennes et des raisons qu'ils ont de les améliorer sans grever leur budget.

Julie V. Watson

INTRODUCTION

Cet ouvrage a été rédigé dans le but de vous aider à varier vos menus. Les ragoûts, plats en casseroles, soupes, pizzas, sandwiches et goûters ont été allégés pour vous démontrer que vos recettes préférées peuvent prendre une allure santé. Basées sur les *Recommandations alimentaires pour la santé des Canadiens et Canadiennes*, ces recettes révèlent combien la cuisine au goût du cœur peut prendre une place importante dans votre style de vie. De surcroît, elle n'est nullement coûteuse; le chou, la pomme de terre, le navet et les autres légumes qui constituaient l'essentiel du régime alimentaire des générations antérieures ont été utilisés pour fournir une bonne alimentation à des coûts abordables. Redécouvrez ces légumes dans des recettes à faible teneur en matières grasses qui respecteront le budget que vous consacrez à l'alimentation.

Obligez-vous à planifier repas et goûters avant de vous rendre au supermarché. Vous n'achèterez ainsi que les aliments dont vous avez besoin. Lorsque vous aurez les ingrédients nécessaires, ces recettes varieront le menu de la semaine tout en étant faciles à préparer. Lorsque vous faites la liste d'épicerie, déterminer les menus en tenant compte des quatre groupes alimentaires.

Il est certain que vos premières expériences de cuisine au goût du cœur sont un défi à relever. Mais vous ne devrez pas pour autant bouleverser votre routine quotidienne. Des repas à faible teneur en matières grasses peuvent être tout aussi savoureux que ceux préparés avec beaucoup de gras. Vous découvrirez bientôt que vos goûts ont changé et vous adopterez un style de vie au goût du cœur.

Recommandations alimentaires pour la santé des Canadiens et des Canadiennes

— Agrémentez votre alimentation par la variété.

— Dans l'ensemble de votre alimentation, donnez la plus grande part aux céréales, pains et autres produits céréaliers ainsi qu'aux légumes et aux fruits.

— Parmi les produits laitiers, les viandes et les aliments cuisinés, optez pour les plus maigres.

— Cherchez à atteindre et à maintenir un poids santé en étant régulièrement actif et en mangeant sainement.

— Lorsque vous consommez du sel, de l'alcool ou de la caféine, allez-y avec modération.

Les aliments dont votre corps a besoin pour fonctionner tous les jours se divisent en quatre groupes:

— Les produits céréaliers
— Les légumes et les fruits
— Les produits laitiers
— Les viandes et leurs substituts

Les produits céréaliers

Le pain de blé entier, les pâtes et les céréales fournissent à l'organisme les fibres et l'énergie dont il a besoin. Ils sont bons pour vous et devraient représenter une part importante de votre alimentation.

Le groupe des produits céréaliers inclut le pain, les céréales, les pâtes, le riz, le boulghour et le couscous. Choisissez les variétés à grain entier lorsque c'est possible.

Les légumes et les fruits

Les aliments de ce groupe renferment beaucoup de fibres et de vitamines mais peu ou pas de gras. Les fruits et légumes sont un apport faible en calories. Si vous devez abuser de l'un ou l'autre des quatre groupes, choisissez celui-ci. Cuire les légumes et les fruits diminue leur contenu en fibres. Vous devriez donc les consommer crus de préférence.

Choisissez des légumes jaune foncé ou vert foncé comme les épinards, les brocolis, les courges ou les carottes. Ils sont très riches en vitamines. Habituellement, plus un légume est de couleur foncée, plus il contient de vitamines.

Le secret pour que les fruits et les légumes restent le plus nutritifs possible réside dans l'entreposage et la cuisson. La plupart des fruits et des légumes devraient être conservés dans un endroit frais et sec et consommés le plus rapidement possible après l'achat.

Les produits laitiers

Le lait est une source importante de calcium, nécessaire pour maintenir les os et les dents en bonne santé. Il est très difficile d'obtenir une quantité suffisante de calcium sans consommer de produits laitiers. Choisissez des produits écrémés, partiellement écrémés ou à faible teneur en matières grasses. Toutefois, les enfants de moins de deux ans constituent ici l'exception: ils devraient consommer du lait entier s'ils ne consomment pas de lait maternel ou maternisé.

Le groupe des produits laitiers inclut le lait, le yogourt et toutes les variétés de fromages. L'important est de choisir les éléments de ce groupe qui ont une faible teneur en gras.

Voici une comparaison des différents types de lait. Chaque valeur est donnée pour une tasse (250 ml):

	Calories	Gramme de matières grasses
Lait entier et homogénéisé	158	9
Lait partiellement écrémé 2 %	124	5
Lait partiellement écrémé 1 %	108	2,7
Babeurre	105	2
Lait écrémé	90	traces

La plupart des familles ne boivent pas de lait écrémé. Essayez donc le lait à 2 % ou même à 1 % comme boisson et le lait écrémé ou la poudre de lait écrémé pour la cuisine.

Si vous devez faire des économies sur le lait, mélangez à parts égales du lait à 2 % et du lait écrémé à base de lait en poudre. Réfrigérez toute la nuit, puis tamisez pour éliminer les grumaux. Ne cessez surtout pas de consommer du lait, quel que soit votre budget. Le lait est essentiel pour votre santé. Utilisez plutôt les variétés à faible teneur en gras lorsque c'est possible.

Toujours dans le but d'économiser rappelez-vous que le lait vendu sous forme liquide coûte près de deux fois plus cher que le lait reconstitué à partir de poudre de lait écrémé. Remplacer le lait par le lait en poudre écrémé permet à une famille de quatre buveurs de lait moyens d'épargner près de dix dollars par semaine, soit cinq cents dollars par année.

Choisissez de préférence du yogourt fait de lait à 2 % ou moins de matières grasses. Achetez de grands contenants de yogourt nature; vous l'utiliserez dans les recettes ou l'agrémenterez de fruits, de vanille, de miel ou de grains divers.

Le fromage est aussi une excellente source de calcium et de protéines. Il est cependant riche en matières grasses.

- Si votre plat principal est riche en matières grasses, par exemple un macaroni au fromage ou du poisson frit, diminuez les autres sources de matières grasses comme la mayonnaise ou le beurre sur le pain, les desserts riches et les sauces à salade. Équilibrez les repas avec une salade, des légumes, du pain de blé entier ou des fruits frais.

- Les fromages faits de lait écrémé ou à faible teneur en matières grasses auront une saveur moins prononcée que ceux auxquels vous êtes habitué. Essayez-en plusieurs sortes jusqu'à ce que vous ayez déterminé celles que vous préférez. Combinez les fromages à saveur prononcée comme le parmesan avec des fromages à faible teneur en gras pour obtenir plus de saveur et moins de matières grasses.

- Pour garnir les sandwiches ou les craquelins, rehaussez le goût des fromages à faible teneur en gras par un peu de moutarde, de sauce mexicaine, de sauce chili, de sauce Worcestershire ou une pincée de poivre de Cayenne ou de cari.

Les viandes et leurs substituts

Choisissez pour vos repas des viandes maigres, de la volaille, du poisson ou des légumineuses. Les viandes rouges sont une bonne source de fer. Les légumes secs riches en protéines comme les pois, les fèves et les lentilles sont également riches en fibres et constituent des substituts nutritifs aux viandes. Le beurre d'arachide, les noix et les graines sont aussi considérés comme des substituts de la viande, mais consommez-les avec modération car ils sont riches en matières grasses.

Les œufs font partie de ce groupe. À moins que votre taux de cholestérol ne soit élevé, les œufs, pris en quantité raisonnable sont une variante économique pour un menu sain. Le secret réside dans la variété.

Couper dans le gras

- Chaque fois que vous éliminez de votre alimentation une cuillerée à thé (5 ml) de beurre, de margarine ou d'huile, c'est de 4 grammes de gras dont vous vous débarrassez. Vous pouvez donc supprimer jusqu'à 8 grammes de gras si vous évitez de beurrer vos rôties, sandwiches ou muffins, sans compter l'économie que vous ferez.

- Utilisez du lait ou de la poudre de lait écrémé pour remplacer les succédanés de lait dans le café ou le thé.

- Les croustilles, les boissons gazeuses, les gâteaux et les pâtisseries du commerce sont souvent riches en matières grasses, en sucre et en sel et donc faibles en nutriments. Ces aliments ne font pas partie des groupes alimentaires recommandés. La section qui traite des goûters vous propose des substituts faibles en matières grasses.

- Choisissez des soupes à base de bouillon ou essayez les recettes de soupes que vous trouverez dans ce livre.

- Au repas, buvez du lait à faible teneur en matières grasses ou des jus de fruits.

- Choisissez
  - du lait écrémé pour remplacer le lait à 1 % de matières grasses;
  - du lait à 2 % de matières grasses pour remplacer le lait entier;
  - du fromage cottage et des yogourts à 2 % ou moins de matières grasses;
  - des fromages à faible teneur en matières grasses;
  - des sorbets ou du yogourt glacé pour remplacer la crème glacée.

- Si vous pensez que votre repas vous laissera sur votre appétit, mangez plus de riz ou de pain de blé entier de préférence à des biscuits, des gâteaux ou des pâtisseries riches en matières grasses.

- Attention aux plats cuisinés ou prémélangés!

Achats judicieux

- Planifiez les menus à l'avance et dressez une liste des aliments dont vous avez besoin. Vérifiez les coupons-rabais pour voir si certains peuvent vous servir.

- Faites vous-mêmes les courses. N'allez pas au super-marché si vous êtes fatigué parce que vous manquerez d'énergie pour acheter judicieusement. Faites les courses après avoir mangé. Lorsque la faim tenaille, tout semble bon, particulièrement les aliments préparés, riches en énergie, mais pauvres en nutriments.

- Les spéciaux ou coupons-rabais sur des produits que vous n'avez jamais employés ne sont d'aucune utilité. En contre-partie, les spéciaux sur les produits dont vous vous servez couramment vous permettent de faire des provisions.

- Il est souvent avantageux d'acheter une volaille entière et de la découper vous-même. Si vous prévoyez faire de la soupe ou du ragoût et que vous trouvez de la volaille «utilité», vous devriez utiliser cette catégorie de viande à prix abordable.

- Acheter en vrac les herbes aromatiques, les pâtes et les fruits séchés revient moins cher. De plus, vous n'achetez que la quantité dont vous avez besoin. Il en va de même des jus vendus en grands récipients que vous pouvez transvaser en récipients de format individuel pour les lunchs. Ce faisant, vous économisez d'une part, et d'autre part vous contribuez à freiner le gaspillage des emballages.

- Plus un produit a subi de transformations, plus il est cher. Si vous prenez le temps de préparer les aliments, vous n'y consacrerez souvent que quelques minutes et vous ferez des économies. Vous pouvez préparer des repas à l'avance en prévision des journées où votre horaire est plus chargé. Non seulement vous ferez des économies, mais vous diminuerez également l'apport en sel et en matières grasses.

Ingrédients recommandés

- Utilisez des assaisonnements purs comme les poudres d'ail d'oignon et de céleri plutôt que les sels du même nom. C'est une façon simple de ne pas ajouter de sel lorsque vous assaisonnez.

- Nous suggérons d'utiliser de l'enduit végétal antiadhésif en vaporisateur dans quelques recettes. Même si son prix semble élevé, ce substitut en vaporisateur dure longtemps et est très utile. Si vous préférez, vous pouvez étendre à la brosse une fine couche d'huile végétale sur la surface de cuisson des récipients.

- La margarine est souvent utilisée dans nos recettes parce qu'elle est suffisamment molle pour être tartinée dès sa sortie du réfrigérateur. Ce type de margarine n'a habituellement qu'une faible teneur en gras saturés, type de gras que nous devons précisément éviter.

- Peu de nos recettes suggèrent d'ajouter du sel. Si vous trouvez les plats fades, ajoutez-y une pincée de sel après cuisson ou utilisez un autre type d'épice ou un mélange de fines herbes.

Si vous avez les ingrédients qui suivent sous la main, vous pouvez préparer la majorité des recettes de ce livre. La plupart sont d'usage courant et sont utilisés dans plusieurs recettes.

Dans le garde-manger

Farine tout usage; levure chimique; cubes de bouillon de bœuf; thon, sardine, palourdes, chair de crabe en conserve; fécule de maïs; macaroni; mayonnaise allégée; riz; lait écrémé en poudre; moutarde en poudre; sauce soya à faible teneur en sodium; sucre blanc granulé; tomates en conserve; huile végétale; vinaigre; sauce Worcestershire.

Condiments

(Achetez-les en vrac par petites quantités.)

Feuilles de laurier, cari, origan séché, persil séché, estragon séché, thym séché, poudre d'ail, gingembre, poivre.

Fruits et légumes

Pomme, chou, carotte, céleri, pomme de terre, oignon, épinard.

Au réfrigérateur

Fromage mozzarella écrémé, margarine molle, yogourt nature à faible teneur en matières grasses.

Au congélateur

Morceaux de poulet, bœuf haché, porc ou poulet, filets de poisson.

SOUPES ET SAUCES

- En prévision de la préparation d'un bouillon de poulet destiné à des soupes ou des sauces, conservez au congélateur les os et la peau de poulet. Pour obtenir un bouillon à faible teneur en sel et en gras, placez les os et la peau de poulet dans une casserole et couvrez-les d'eau. Portez à ébullition et laissez mijoter 15 minutes. Passez le bouillon au tamis, réfrigérez, puis dégraissez.

- Pour préparer un bouillon de légumes, hachez du céleri (les feuilles inclus), des poireaux, des carottes, des oignons, des courgettes, du persil ou n'importe quelle combinaison de ces légumes en fonction de ce que vous avez sous la main, et laissez mijoter dans l'eau pendant une heure. Assaisonnez d'une feuille de laurier, d'une pincée de poudre d'ail, d'un peu de poivre ou d'une cuillerée à thé de thym (si vous en avez). Coulez le liquide et conservez-le au réfrigérateur si vous prévoyez l'utiliser dans les quatre jours; sinon, congelez-le.

- Les soupes à base de bouillon, d'un peu de viande maigre ou de pâtes alimentaires et/ou de légumes hachés sont parfaites pour une entrée ou un lunch. Vous pouvez préparer un bon potage en cuisant des carottes, des tomates, des poivrons rouges ou des épinards dans un bouillon, puis en les réduisant en purée au mélangeur. Pour faire des soupes légères, coupez la viande et les légumes en gros morceaux et ajoutez des pâtes ou des légumineuses cuites suivant les instructions du fabricant. Les soupes peuvent être simplement assaisonnées de poivre, d'oignon, de poudre d'ail ou d'une feuille de laurier.

Soupe de pommes de terre campagnarde

Cette recette nous vient du Manitoba. Pour en varier le goût, ajoutez-y soit un poivron vert haché finement, soit du céleri ou du chou en petites quantités.

2 tasses	d'eau	500 ml
3 tasses	de pommes de terre pelées, finement tranchées	750 ml
¾ tasse	d'oignon haché finement	175 ml
1 c. à thé	de persil séché	5 ml
1 tasse	de lait écrémé	250 ml
1 c. à table	de farine tout usage	15 ml
1 c. à table	de margarine molle poivre au goût	15 ml

Dans une grande casserole, faire bouillir l'eau. Ajouter les pommes de terre, l'oignon et le persil. Porter à ébullition. Baisser le feu et laisser mijoter pendant 10 minutes ou jusqu'à ce que les pommes de terre soient tendres.

Mélanger le lait, la farine, la margarine et le poivre. Verser ce mélange sur les pommes de terre qui mijotent tout en soulevant celles-ci pour laisser le lait s'infiltrer en dessous. Mélanger doucement la soupe sans défaire les pommes de terre. Le lait chauffera ainsi de manière égale sans former de grumeaux. Porter à ébullition.

Retirer du feu et servir immédiatement.

Donne 2 repas complets de 1½ tasse/375 ml ou 4 entrées de ¾ de tasse/175 ml.

Chaudrée de crabe et de maïs

Dans l'Ouest, cette chaudrée riche et épaisse est préparée avec du bacon. Si vous en utilisez ne prenez qu'une seule tranche de bacon de dos ou de bacon très maigre. Faites-la bien cuire, égouttez le gras; hachez le bacon et servez-vous-en à la place du crabe. La grande quantité de matières grasses contenues dans le bacon en fait un élément à déconseiller si vous surveillez la teneur en gras de votre régime. Même si le bacon de dos est plus cher, il s'agit d'une viande maigre; c'est donc un bien meilleur achat question budget. Demandez à votre boucher de vous en réserver une ou deux tranches.

1	oignon moyen haché	1
1 c. à table	d'huile végétale	15 ml
1	grosse pomme de terre pelée et coupée en dés	1
1 tasse	d'eau	250 ml
1 tasse	de lait écrémé	250 ml
½ tasse	de mélange à sauce blanche (page 16)	125 ml
1	boîte (7¾ oz/228 ml) de maïs en crème	1
	poivre au goût	
1	boîte (7 oz/213 g) de chair de crabe bien égouttée	1

Dans une casserole, faire revenir l'oignon dans l'huile. Ajouter les pommes de terre et l'eau. Laisser mijoter à feu moyen pendant 10 à 15 minutes ou jusqu'à ce que les pommes de terre soient tendres.

Dans une petite casserole, mélanger le lait et la sauce blanche. Cuire à feu doux en remuant sans cesse jusqu'à l'obtention d'un mélange lisse et onctueux. Ajouter le maïs et le poivre.

Incorporer ce mélange aux pommes de terre et faire cuire pendant 5 minutes. Ajouter le crabe et poursuivre la cuisson pendant 5 minutes ou jusqu'à ce que le tout soit bien chaud. Donne 4 portions de ¾ de tasse/175 ml.

Soupe aux légumes consistante
(illustration de la couverture)

Cette soupe se congèle bien. Vous pouvez donc la préparer en grande quantité et congeler ce qui reste par portions. Servez-la avec du pain ou des craquelins.

1	boîte (19 oz/540 ml) de haricots rouges égouttés	1
½ tasse	d'oignon haché	125 ml
1	boîte (28 oz/796 ml) de tomates	1
2	cubes de bouillon de bœuf	2
5 tasses	d'eau	1,25 L
	poivre au goût	
½ c. à thé	de thym séché	2 ml
1	feuille de laurier	1
1	boîte (10 oz/284 ml) de soupe aux tomates concentrée à faible teneur en sodium	1
1 tasse	de céleri haché	250 ml
1 tasse	de maïs en grains	250 ml
1 tasse	de pommes de terre coupées en dés, d'orge ou de macaroni	250 ml
1 c. à table	de persil séché	15 ml

Dans une grande casserole, mélanger les haricots, l'oignon, les tomates, les cubes de bouillon, l'eau, le poivre, le thym, la feuille de laurier, la soupe aux tomates, le céleri, le maïs, les pommes de terre et le persil. Porter à ébullition. Baisser le feu et laisser mijoter pendant 35 à 40 minutes ou jusqu'à ce que les légumes soient tendres.

Enlever la feuille de laurier avant de servir.

Donne 6 à 8 portions

Chaudrée aux fruits de mer des Maritimes

Vous pouvez préparer cette chaudrée uniquement avec des palourdes ou en y ajoutant des restes de fruits de mer ou de poisson blanc. Les poissonneries vendent parfois des mélanges pour chaudrée, qui sont peu coûteux et renferment de petits morceaux de poisson. Si vous en trouvez, achetez-en ¼ lb (125 g) et ajoutez-le aux palourdes.

2	boîtes (6 ½ oz/213 g) de petites palourdes	2
1 tasse	d'oignon haché finement	250 ml
1 tasse	de céleri haché finement ou de céleri et de poivron vert	250 ml
2 tasses	de pommes de terre coupées en dés	500 ml
1½ tasse	de mélange à sauce blanche (page 16)	375 ml
4 tasses	de lait	1 l
½ c. à thé	de sucre granulé poivre au goût	2 ml

Égoutter les palourdes et conserver le liquide.

Dans une grande casserole, mélanger le jus des palourdes, l'oignon, le céleri et les pommes de terre. Ajouter juste assez d'eau pour couvrir les légumes. Faire cuire à feu moyen pendant 15 minutes ou jusqu'à ce que les légumes soient tendres. Pendant ce temps, incorporer le mélange à sauce blanche au lait dans une marmite ou une cocotte. Faire cuire à feu doux en remuant sans arrêt jusqu'à consistance lisse et onctueuse.

Ajouter les palourdes, les légumes dans leur jus et le sucre. Réchauffer pendant 15 minutes. Ajouter le poivre et servir.

Donne 4 à 6 portions (plat principal).

Mélange à sauce blanche

C'est une amie du Nouveau-Brunswick qui partage avec vous
cette recette simple à faire. Préparez-en une grande quantité
et conservez-la au réfrigérateur. Utilisez cette sauce à faible
teneur en gras et en calories pour accompagner les poissons
ou les légumes ou comme base de soupes et de chaudrées
crémeuses.

2 tasses	de lait écrémé en poudre	500 ml
1 tasse	de farine tout usage	250 ml
1 tasse	de margarine molle	250 ml

Dans un grand bol, mélanger la poudre de lait et la farine.
Avec un mélangeur à pâte ou deux couteaux, incorporez-y la
margarine jusqu'à consistance de grumeaux ou passer le
mélange au robot culinaire jusqu'à ce qu'il soit granuleux en
raclant au moins une fois la paroi du récipient.

Verser ce mélange sans le tasser dans un grand récipient
hermétique et ranger celui-ci au réfrigérateur. **Durée
maximale de conservation: 2 mois.**

La sauce blanche entre dans la préparation de nombreux
plats. Dans ce livre, elle est utilisée dans la chaudrée aux
fruits de mer des Maritimes (page 15), le poulet en sauce
crémeuse au cari (page 37), les escalopes de pommes de
terre et poisson (page 45), la sauce crémeuse au thon pour
pâtes (page 51) et le macaroni au fromage (page 52).

Sauce blanche classique

Pour obtenir une sauce plus épaisse, utiliser ¾ tasse (175 ml), de mélange; pour une sauce plus liquide, n'employer que ¼ tasse (50 ml).

½ tasse	de mélange à sauce blanche	125 ml
1 tasse	d'eau froide	250 ml
	herbes, épices et poivre	
	(facultatif)	

Dans une petite casserole, combiner le mélange à sauce blanche, l'eau et les assaisonnements (si désiré).

Faire cuire à feu doux en remuant sans cesse jusqu'à ce que le mélange ait une texture lisse (2 à 5 minutes).

Donne environ 1 tasse (250 ml).

***

Pour varier le goût, remplacer l'eau en totalité ou en partie par du jus de tomates ou du bouillon de poulet ou de bœuf.

***

Pour garnir un poisson poché, remplacer l'eau en totalité ou en partie par celle de cuisson du poisson. Assaisonner avec du persil, de la ciboulette ou du fenouil.

***

Pour le poisson au cari, préparer la recette de sauce blanche classique et l'assaisonner au goût avec de la poudre de cari (ex: 1 c. à thé/5 ml). Verser sur le poisson blanc poché et cuire à la vapeur avec des légumes.

SALADES ET SAUCES À SALADE

- Les salades sont particulièrement bonnes pour la santé. Elles peuvent accompagner des plats principaux comme le macaroni au fromage (page 52) ou une soupe consistante comme la chaudrée de crabe et de maïs (page 13) pour constituer un repas équilibré.

- Une salade ne réclame pas d'ingrédients coûteux. De la laitue avec une tomate ou un concombre, un concombre et une carotte râpée ou un concombre et un oignon, sont tous de bonnes variantes qui peuvent être agrémentées d'une savoureuse sauce à salade. Essayez également les légumes verts comme la laitue Boston, la laitue en feuilles ou les épinards.

- Pour préparer rapidement une sauce à salade légère, mélanger à parts égales de l'huile, du jus de citron, du jus d'orange et de l'eau (2 c. à table/25 ml de chaque). Ajouter de la moutarde, du poivre et une pincée de sel si nécessaire. Parfumer au goût d'un oignon vert haché finement et d'herbes comme le basilic ou les graines de céleri.

- Faites cuire suffisamment de pâtes comme des coquilles ou des macaroni pour en utiliser le surplus, le jour suivant, en salade.

- Vous pouvez réduire la teneur en matières grasses de vos sauces à salade destinées aux pâtes en utilisant une mayonnaise à faible teneur en matières grasses ou en substituant du yogourt écrémé à une partie de la mayonnaise.

- Ajoutez des fibres à vos salades en y incorporant des carottes, des tranches de pomme, des fruits secs, des morceaux de brocoli ou de chou-fleur, des pois verts, des pois chiches ou des haricots.

Salade de fèves germées

Par mesure d'économie, faites germer vous-même des fèves. Achetez-les au rayon d'alimentation naturelle et demandez les instructions nécessaires. C'est un passe-temps amusant pour les enfants.

1 lb	de fèves germées	500 g
¾ tasse	de châtaignes d'eau tranchées	175 ml
3	branches de céleri hachées finement	3
1	botte d'oignons verts tranchés dans le sens de la longueur	1
1 c. à soupe	de vinaigre blanc	15 ml
1 c. à soupe	de sauce soya à faible teneur en sodium*	15 ml
2 c. à soupe	d'huile végétale	25 ml
1 c. à soupe	de jus d'orange	15 ml

Dans un grand bol, mêler les fèves germées, les châtaignes d'eau, le céleri et les oignons verts.

Mélanger le vinaigre, la sauce soya, l'huile et le jus d'orange. Verser la sauce sur les légumes jusqu'à ce que la salade soit assaisonnée à votre goût.

Donne 8 portions d'environ 1 tasse (250 ml).

* Pour préparer vous-même de la sauce soya à faible teneur en sodium, mélanger la moitié de la quantité requise de sauce soya à une quantité égale d'eau.

Salade de raisins à la cannelle

Voici un dessert rafraîchissant lorsque le prix des raisins est abordable.

½ tasse	de yogourt nature à faible teneur en gras	125 ml
1 goutte	d'essence de vanille	1
¼ c. à thé	de cannelle	1 ml
2 tasses	de raisins verts sans pépins	500 ml
2 tasses	de raisins rouges sans pépins	500 ml

Dans un grand bol, mélanger le yogourt, la vanille et la cannelle.

   Incorporer les raisins au mélange en enrobant soigneusement les fruits de sauce. Couvrir et réfrigérer jusqu'à ce que la salade soit rafraîchie.

Donne 8 portions d'environ ½ tasse (125 ml)

Salade de pois verts

Si vous préparez cette recette avec des pois verts congelés, vous n'aurez pas à les cuire. Rincez-les simplement à l'eau courante.

1 c. à table	de jus d'orange	15 ml
1 c. à table	de jus de citron	15 ml
2 c. à thé	d'huile végétale	10 ml
½ c. à thé	de moutarde	2 ml
¼ tasse	de châtaignes d'eau hachées	50 ml
1	oignon vert haché	1
2 c. à table	de ciboulette émincée (facultatif)	25 ml
2 tasses	de pois verts cuits	500 ml

Dans un bol, fouetter ensemble le jus d'orange, le jus de citron, l'huile et la moutarde. Incorporer les châtaignes d'eau, l'oignon et la ciboulette (si désiré).

Verser cette préparation sur les pois verts et mélanger soigneusement. Servir frais ou à température ambiante.

Donne 4 portions

Salade de pâtes et de pommes

Profitez de la saison des pommes pour préparer cette salade simple et savoureuse. Pour obtenir une salade plus crémeuse, ajoutez du yogourt.

2 tasses	de macaroni ou de n'importe quelles pâtes de petit format cuites puis refroidies	500 ml
1	pomme évidée et coupée en dés	1
1	branche de céleri haché	1
2 c. à table	de raisins (facultatif)	25 ml
6	arachides entières non salées, hachées (facultatif)	6
½ tasse	de yogourt nature à faible teneur en gras	125 ml
⅛ c. à thé	de gingembre (ou au goût)	0,5 ml

Dans un bol, mélanger le macaroni, la pomme, le céleri, les raisins et les arachides (si désiré). Ajouter le yogourt et bien remuer pour enrober le tout de yogourt. Saupoudrer de gingembre.

Donne 4 portions.

Sauce au babeurre

Convient à toutes les variétés de laitues.

⅔ tasse	de babeurre	150 ml
2 c. à thé	de moutarde	10 ml
1	petit oignon émincé	1
1 c. à table	de persil haché	15 ml
	poivre au goût	

Dans une coupe ou un petit bol, mélanger le babeurre, la moutarde, l'oignon, le persil et le poivre.

Donne ⅔ tasse (150 ml)

Sauce au yogourt et au chutney

Cette sauce à salade originale est particulièrement savoureuse lorsqu'on la sert avec une pomme dans une salade de légumes verts et blancs.

⅔ tasse	de yogourt nature à faible teneur en gras	150 ml
2 c. à table	de chutney (environ)	25 ml

Mélanger le yogourt et le chutney. Ajouter du chutney si vous désirez que la sauce ait une saveur plus prononcée.

Donne 8 portions d'environ 2 c. à table (25 ml)

VIANDES

- Lorsque vous achetez de la viande hachée, que ce soit du porc ou du bœuf choisissez de la viande ordinaire plutôt que mi-maigre ou maigre. Faites-la cuire et égouttez-en le gras avant de la mélanger aux autres ingrédients. Si la viande doit être incorporée crue à une préparation, comme dans le cas des pains de viande ou des hamburgers, choisissez alors de la viande mi-maigre ou maigre puisque vous ne pourrez en éliminer le gras à l'avance. En faisant vos achats de viande hachée de manière judicieuse, vous obtiendrez plus de viande et moins de gras pour votre argent.

- Les coupes de viande meilleur marché sont généralement plus maigres, mais elles sont aussi moins tendres et doivent être cuites de façon à les attendrir.

  - Pour tirer le maximum des viandes moins chères, vous devrez les braiser, les bouillir ou les préparer en ragoût. Une cuisson lente et humide attendrit la viande et le liquide de cuisson devient une sauce.

  - Pour braiser une viande ou préparer un ragoût, faites d'abord revenir la viande pour emprisonner les jus. La viande à braiser est habituellement vendue en grosses portions tandis que la viande de ragoût est coupée en petits morceaux. Cuisez la viande à feu doux dans peu de liquide jusqu'à ce qu'elle soit très tendre. Durant la cuisson, la saveur de la viande se mariera aux herbes, légumes et jus de cuisson. Si le plat est préparé à l'avance, les saveurs se développeront encore plus.

  - Utilisez de préférence les épaules de bœuf, d'agneau, de veau ou de porc, la poitrine de bœuf, la croupe de bœuf, les jarrets de veau ou d'agneau. Enlevez tout le gras visible. Beaucoup de gras montera à la surface durant la cuisson et vous pourrez également l'éliminer. S'il s'agit de coupes de jambon ou de bœuf salé, goûtez le liquide de cuisson et diluez-le s'il est trop salé. Si vous préparez du poisson salé, faites-le tremper dans l'eau froide toute la nuit et changez l'eau au moins trois fois avant de le faire cuire.

• Le liquide de cuisson peut être de l'eau, du bouillon, de la bière, du cidre, du vin, des tomates concassées ou une combinaison de ces éléments.

• L'oignon, la carotte, le céleri, le poireau et l'ail s'ajoutent au début de la cuisson afin de rehausser la saveur.

• Des légumes plus tendres comme la courgette, les pois et le maïs s'ajoutent vers la fin de la cuisson pour éviter qu'ils ne soient trop cuits ou réduits en purée.

• Vous pouvez aromatiser vos plats avec du thym, du laurier, du romarin, du basilic, de l'origan, de la sarriette ou encore avec du cumin, du curcuma, de la coriandre et de la cannelle.

• Une grande marmite à couvercle convient parfaitement pour une cuisson lente et égale afin de séparer doucement les fibres lorsque la viande est mijotée plutôt que bouillie. Après la cuisson, la sauce peut être bouillie pour la réduire ou épaissie avec de la farine.

• Si vous achetez un rôti, recherchez les coupes maigres qui sont vendues à prix réduit. Le rôti est généralement d'un prix élevé mais il n'y a aucune perte. Vous pouvez le partager en portions et l'entreposer au congélateur. Enveloppez séparément des portions constituées respectivement de fines lanières de viande destinées à être sautées, des plus gros morceaux pour les ragoûts et plats en casserole et des pièces à griller ou pour le barbecue.

• Au lieu de préparer des sauces à la crème ou grasses, utilisez des herbes et des épices telles que le poivre ou citron, le romarin ou le laurier durant la cuisson.

Plat de jambon bouilli

Notre dîner préféré est fait d'un jambon pique-nique peu coûteux. Si vous choisissez un jambon désossé pour cette recette, vous en aurez plus qu'il ne faut et vous pourrez utiliser les restes pour les sandwichs ou pour un autre repas.

2 lb	de jambon pique-nique	1 kg
1	grosse carotte pelée	1
1	petit navet pelé	1
1	grosse branche de céleri	1
1	gros oignon	1
½	petit chou	½
2	feuilles de laurier	2
2	grosses pommes de terre	2

Enlever du jambon tout le gras visible. Placer le jambon dans une grande casserole et le couvrir d'eau.

Couper la carotte, le navet et le céleri en morceaux. Couper l'oignon et le chou en lamelles. Ajouter le tout avec les feuilles de laurier dans la marmite. Le liquide utilisé pour la cuisson doit recouvrir la viande et les légumes.

Porter à ébullition, puis baisser le feu. Couvrir et laisser mijoter pendant 30 à 40 minutes ou jusqu'à ce que la viande soit tendre.

Peler les pommes de terre, les couper en quartiers et les ajouter à la préparation. Porter à ébullition. Baisser le feu, couvrir et laisser mijoter pendant 20 à 25 minutes ou jusqu'à ce que viande et légumes soient tendres.

Trancher la viande et la servir dans un grand plat, entourée des légumes.

Donne 4 portions.

PLATS EN CASSEROLE

- Plusieurs plats en casserole peuvent être préparés à l'avance et réchauffés les soirs où personne n'a le temps de cuisiner.

- Faites cuire des pâtes comme des macaroni, spaghetti ou des nouilles aux œufs et mélangez-les à des tomates, du fromage ou une sauce à base de lait.

- Si vous préférez acheter un mélange tout fait plutôt que de préparer vous-même la sauce blanche, choisissez-en qui soit à faible teneur en sodium de manière à consommer le moins de sel possible.

- Une petite quantité de viande ou de poisson, de bœuf haché, de jambon haché, de poulet, de thon ou de fruits de mer peut facilement nourrir toute une famille si elle est apprêtée en casserole.

- Des légumes tels que le céleri, les pois verts, le maïs ou les tomates concassées ajoutent des fibres et des vitamines à vos plats en casserole.

- Des garnitures comme du fromage râpé à faible teneur en matières grasses, de la chapelure de pain de blé entier ou une pincée de graines de sésame pour donner un petit goût de noisette à vos plats.

Casserole au porc ou au poulet

Cette méthode de cuisson sans gras de la viande est très appréciée des familles européennes. Vous pouvez cuire ce plat dans un poêlon électrique ou dans une mijoteuse.

La quantité de choucroute à utiliser dépend de la quantité de viande dont vous disposez. Nous suggérons 14 oz (398 ml) pour quatre portions. Pour diminuer la teneur en sel, remplacer la choucroute en totalité ou en partie par du chou râpé ou rincer la choucroute à grande eau. Dans un cas comme dans l'autre, il faudra ajouter de l'eau pour maintenir la viande humide pendant la cuisson.

4	côtelettes de porc maigres ou morceaux de poulet désossé et sans la peau	4
1	boîte (14 oz/398 ml) de choucroute rincée et égouttée ou 2 tasses (500 ml) de chou râpé	1
½ tasse	d'eau	125 ml
¼ à ½ tasse	de sucre granulé (facultatif)	50-125 ml

Enlever le gras des côtelettes. Disposer le porc ou le poulet dans un plat qui va au four. Recouvrir de choucroute ou de chou, de l'eau et du sucre (si désiré).

Couvrir et faire cuire à 325°F (160°C) pendant 1½ heure ou jusqu'à ce que la viande soit tendre.

Donne 4 portions.

Cigares au chou OU PIMENTS (POIVRON)

Si vous ne pouvez manger de cigares au chou sans crème sure, choisissez de la crème sure à faible teneur en matières grasses ou un mélange moitié crème sure et moitié yogourt nature.

1 lb	de bœuf ou de porc haché maigre	500 g
1	oignon haché	1
	poivre au goût	
1 pincée	de poudre d'ail (ou au goût)	1 pincée
1 c. à table	de sauce Worcestershire	15 ml
1	boîte (14 oz/398 ml) de tomates concassées	1
1 tasse	d'eau	250 ml
3 c. à table	de riz cru	50 ml
3 tasses	de chou haché grossièrement ENTRANCHÉS	750 ml
	fromage parmesan râpé (facultatif)	

Dans une poêle à frire, faire revenir la viande en la défaisant à la fourchette jusqu'à ce qu'elle soit brunie. Ajouter l'oignon, le poivre, l'ail et la sauce Worcestershire. Faire cuire jusqu'à ce que le mélange soit doré. Enlever le gras. Ajouter les tomates, ½ l'eau et le riz. DANS CIGARE

Placer le chou dans une grande casserole. Disposer le mélange de viande sur le chou. ROULEZ

Couvrir et faire cuire à 325°F (160°C) pendant 1½ heure. Vérifier après une heure si la préparation est encore humide et ajouter un peu d'eau si nécessaire. Saupoudrer de parmesan (si désiré) au cours des 5 dernières minutes de cuisson. ET UNE ½ de TOMATES ½ EAU

Au four micro-ondes

Défaire la viande en morceaux dans une grande casserole. Couvrir et faire cuire à intensité maximale pendant 4 minutes. Égoutter le gras. Ajouter l'oignon et cuire à intensité maximale pendant 2 minutes. Égoutter de nouveau le gras.

Ajouter les tomates, le riz, ½ tasse (125 ml) d'eau , le poivre, l'ail et la sauce Worcestershire.

Garnir de chou le fond d'un autre plat. Verser la préparation de viande sur le chou. Couvrir et cuire à intensité maximale pendant 5 minutes. Faire cuire ensuite à faible intensité (10 %) pendant 25 minutes en tournant le plat au moins deux fois au cours de la cuisson. Si désiré, recouvrir de fromage à la dernière minute de cuisson.

SAUTÉS

Faire sauter les aliments est une manière facile et rapide de les apprêter sainement.

- Pour réussir ce mode de cuisson, la température doit être élevée et le temps de cuisson très court. Les aliments doivent être constamment remués. Plutôt que de les mélanger simplement, il faut les tourner et retourner vivement.

- Il n'est pas indispensable de posséder un wok pour faire sauter les aliments. Toutefois, les parois inclinées de cet appareil permettent de remuer sans arrêt les aliments et d'écarter ceux qui sont déjà cuits de la source intense de chaleur. Un poêlon épais ou une poêle à frire peuvent convenir aussi bien à condition que les aliments soient constamment remués.

- Pour préparer les aliments à sauter, coupez en morceaux de même grosseur ceux qui nécessitent le même temps de cuisson. Couper les légumes racines en rondelles minces ou en fines lanières; les légumes à cuisson rapide peuvent être coupés plus grossièrement. Placez par ordre décroissant les aliments dans la poêle à frire en commençant par celui dont le temps de cuisson est le plus long. Par exemple, le brocoli, la carotte et l'oignon mettent plus de temps à cuire que les pois, les champignons et les petits morceaux de viande.

- Les aliments sautés cuisent à une telle température que l'huile demeure le meilleur choix pour la cuisson. L'huile d'arachide, l'huile de maïs et l'huile de canola sont les plus utilisées. Le beurre n'est pas à conseiller, car il brûle à température élevée. Vous pouvez ajouter de l'ail ou du gingembre à l'huile chaude pour l'aromatiser.

- Les légumes couramment utilisés sont le brocoli en bouquets, les carottes, le céleri ou le poivron, l'oignon, le chou-fleur, le navet, le chou, l'oignon vert, le poireau, les champignons, les pois verts et les pois mange-tout. Les légumes sautés seront croquants, brillants et pleins de saveur. Vérifiez si les légumes sont bien asséchés avant de les glisser dans la poêle sinon les gouttelettes d'eau mises en contact avec l'huile chaude pourraient provoquer des éclaboussures.

- Comme la viande peut être utilisée par petites quantités, un sauté est donc parfait pour équilibrer votre budget. Choisissez des viandes maigres comme le bifteck de ronde, les côtelettes de porc désossées ou les poitrines de poulet et enlevez tout le gras visible. À la suite de la cuisson rapide, la viande est instantanément saisie et ne perd que peu de jus. Vous pouvez également faire sauter des fruits de mer: crevettes, pétoncles ou huîtres.

- Assaisonnez les aliments sautés avec de la sauce soya à faible teneur en sodium, de la sauce aux huîtres, du gingembre, de la poudre de cari ou une pincée de graines de sésame.

- Les aliments sautés, servis immédiatement avec une bonne portion de riz ou de nouilles, constituent un repas nourrissant qui renferme trois des quatre groupes alimentaires requis: les légumes et les fruits, les viandes et leurs substituts et les produits céréaliers.

- Le riz, aliment faible en calories, en matières grasses et en sodium, est comme les pâtes un mets tout usage. Il accompagne admirablement les sautés aussi bien que les viandes en sauce, le poisson et la volaille.

- Il existe plusieurs variétés de riz dans le commerce.

  - Le riz brun contient le son et le germe. Il est donc riche en fibres et est une bonne source de vitamines B.

- Le riz blanc précuit contient aussi certaines vitamines du complexe B à la suite des procédés de transforation utilisés.

- Le riz à grain long est fort apprécié parce que les grains sont légers et ne collent pas.

- Le riz à grain court est de forme presque ronde. Cuit, il devient collant et acquiert une texture assez lourde.

- Une tasse (250 ml) de riz cru donne environ trois tasses de riz cuit. Le riz à cuisson rapide (précuit) donne environ le double de son volume initial.

- Le mode de cuisson varie selon le type de riz.

- Pour une tasse de riz à grain court: couvrir le riz de 2½ tasses (625 ml) d'eau et porter à ébullition. Couvrir et laisser mijoter jusqu'à absorption de l'eau par le riz, soit environ 40 à 50 minutes. Laisser reposer 10 à 15 minutes avant de servir.

- Le riz brun est délicieux lorsque vous y ajoutez environ 10 minutes avant la fin de la cuisson quelques champignons finement tranchés, un oignon vert haché, du persil haché ou même une tomate en dés.

- Pour gagner du temps, en particulier lorsque vous préparez du riz brun, faites-en suffisamment pour quelques repas. Le riz cuit placé dans un récipient hermétique se conserve pendant une semaine au réfrigérateur et plus longtemps encore au congélateur.

- Pour réchauffer du riz conservé au réfrigérateur, le verser dans un tamis à mailles serrées et le réchauffer à la vapeur au-dessus d'un plat d'eau chaude jusqu'à ce qu'il soit bien chaud. Au four micro-ondes, placer le riz dans un récipient adapté au four micro-ondes et ajouter 1 c. à soupe d'eau par tasse (250 ml) de riz. Le couvrir d'une pellicule plastique perforée et chauffer à intensité maximale environ 1½ minute par tasse (250 ml). Si le riz est congelé, compter 2 minutes par tasse (250 ml).

Sauté minute

Plat très économique qui peut être servi avec du riz.

½ lb	de côtelettes de porc désossées, ou de bœuf maigre ou de poulet	250 g
1	gousse d'ail émincée	1
1 c. à table	de sauce soya à faible teneur en sodium	15 ml
¼ tasse	de bouillon de bœuf	50 ml
1 c. à thé	de gingembre	5 ml
1 c. à table	de sauce aux huîtres (facultatif)	15 ml
1 c. à thé	de fécule de maïs	5 ml
2 c. à table	d'huile végétale	25 ml
1 tasse	de carottes finement hachées	250 ml
2 tasses	de brocoli en morceaux	500 ml
1	oignon moyen haché	1
½ tasse	de champignons tranchés (facultatif)	125 ml

Enlever le gras visible du porc et le couper en lanières de ¼ de pouce (5 mm) par 2 pouces (5 cm).

Dans un bol, mélanger le lait, la sauce soya, le bouillon de bœuf, le gingembre et la sauce aux huîtres (si désiré). Ajouter la viande et mélanger. Laisser reposer au réfrigérateur 30 minutes. Entre-temps, préparer les légumes. Égoutter ensuite la viande et réserver la marinade. Mélanger la fécule de maïs à la marinade et réserver.

Dans une poêle à frire ou un wok, chauffer l'huile jusqu'à ce qu'elle soit chaude. Y verser la viande; faire sauter 2 minutes. Enlever la viande de la poêle et réserver.

Mettre les carottes dans la poêle, ajouter une petite quantité d'huile si nécessaire, faire sauter 1 minute. Ajouter le brocoli et l'oignon, faire sauter 2 minutes. Ajouter les champignons (si désiré) et faire sauter 1 minute.

Remettre la viande dans la poêle. Ajouter la marinade et faire cuire en remuant vivement jusqu'à ce que la viande et les légumes soient dorés. Servir immédiatement.

Donne 4 portions

VOLAILLE

HAUTS DE CUISSES

Poulet au four à la moutarde

Une bonne manière de diminuer la consommation de matières grasses est d'enlever la peau du poulet. Si vous le faites avant la cuisson, vous pourrez assaisonner directement la chair du poulet pour en relever agréablement le goût.

2 c. à table	de moutarde	25 ml
1 c. à table	de jus de citron	15 ml
1 c. à thé	d'estragon	5 ml
1	petite gousse d'ail émincée	1
	ou une pincée de poudre d'ail	
1	tranche de pain de blé entier	1
4 HAUTS	poitrines de poulet sans peau	4

Mélanger la moutarde, le jus de citron, l'estragon et l'ail. Émietter le pain.

Huiler légèrement ou vaporiser un enduit végétal antiadhésif dans un plat qui va au four. Y placer le poulet, la partie charnue vers le haut. Étendre le mélange sur le poulet et saupoudrer de miettes de pain. Faire cuire à 350°F (180°C) pendant 45 à 55 minutes ou jusqu'à ce que la chair du poulet ait perdu sa teinte rosée.

Donne 4 portions

Croquettes de poulet

Vous pouvez désosser vous-mêmes le poulet ou l'acheter déjà désossé. Quoique ce dernier soit plus cher, les croquettes le seront encore moins que celles que vous achetez dans les restaurants-minute. De plus, notre recette renferme beaucoup moins de gras. Ces croquettes peuvent être préparées à l'avance.

1 lb	de poitrines de poulet désossées * sans peau et débarrassées de leur gras	500 g
1	blanc d'œuf	1
⅔ tasse	de chapelure assaisonnée **	175 ml

Tailler le poulet en 36 morceaux de 2 p par 1 p (5 cm par 2,5 cm).

Battre le blanc d'œuf dans un grand bol jusqu'à ce qu'il mousse.

Ajouter le poulet et mélanger jusqu'à ce que le poulet soit bien enrobé.

Étendre la moitié de la chapelure sur un papier ciré. Y placer la moitié du poulet. Le presser doucement. Retourner le poulet une fois pour le couvrir d'une fine couche de chapelure. Déposer les morceaux dans un grand plat sans les entasser. Répéter l'opération avec le reste du poulet et de la chapelure. Couvrir d'une pellicule plastique et laisser reposer au réfrigérateur pendant au moins 24 heures.

Vaporiser sur une tôle à biscuit de l'enduit végétal anti-adhésif et y placer le poulet sans le tasser. Cuire au four à 450°F (230°C) pendant 15 minutes ou jusqu'à ce que le poulet soit doré et que la chair ait perdu sa teinte rosée.

Donne environ 7 portions

  * Vous pouvez utiliser du porc pour remplacer le poulet
** Vous pouvez faire de la chapelure avec des flocons de céréales non sucrés ou des miettes de pain que vous assaisonnerez avec de la poudre d'ail, du sel et du poivre.

Poulet en sauce crémeuse au cari

Pour donner une touche indienne à votre repas, saupoudrez ce plat vite préparé de raisins, d'arachides hachées ou de bananes tranchées et servez-le avec un riz épicé.

2 c. à table	de margarine molle	25 ml
1½ tasse	de pommes pelées et finement hachées	375 ml
½ tasse	d'oignon haché	125 ml
1	gousse d'ail émincée ou une pincée de poudre d'ail	1
1½ tasse	de sauce blanche ordinaire	375 ml
2 c. à thé	de poudre de cari (environ)	10 ml
2 tasses	de poulet cuit, en dés (environ 3 poitrines de poulet)	500 ml

Dans une casserole ou une poêle profonde, faire fondre la margarine. Ajouter la pomme, l'oignon et l'ail et faire cuire pendant 5 minutes. Ajouter en remuant la sauce blanche et, au goût, la poudre de cari. Réchauffer.

Ajouter le poulet et réchauffer.

Donne environ 4 à 6 portions

Boulettes de poulet au citron et nouilles aux épinards

Lorsque vous achetez de la dinde ou du poulet haché, demandez s'il contient de la peau ou du gras. S'il y en a, n'achetez pas ce produit. Insistez pour avoir de la viande pure afin de préparer un repas à faible teneur en matières grasses.

1 lb	de dinde ou de poulet haché	500 g
2 c. à table	de chapelure fine	25 ml
¼ c. à thé	de zeste de citron râpé	1 ml
¼ c. à thé	de sarriette hachée	1 ml
1 lb	de nouilles aux épinards	500 g
2 c. à thé	de fécule de maïs	10 ml
1 tasse	de bouillon de poulet à faible teneur en sodium	250 ml
2 c. à table	de jus de citron	25 ml
1 pincée	de poivre	1 pincée
3	carottes moyennes, taillées en petites lanières	3
1	oignon moyen, haché	1
1	pomme moyenne évidée hachée	1

Mélanger le haché, la chapelure, le zeste de citron et la sarriette. Former des boulettes d'environ 1 pouce (2,5 cm).

Cuire les nouilles selon les indications sur l'emballage. Égoutter.

Battre ensemble la fécule de maïs, le bouillon de poulet, le jus de citron et le poivre.

Dans une grande poêle antiadhésive, faire brunir les boulettes de tous les côtés sur un feu moyen-vif pendant environ 3 minutes ou jusqu'à ce que la viande soit cuite.

Baisser le feu, ajouter les carottes et l'oignon. Faire cuire 3 minutes.

Ajouter les pommes et la sauce. Chauffer environ 2 minutes en remuant jusqu'à épaississement. Mélanger cette préparation avec les nouilles.

Donne 4 portions

POISSONS

- Les poissons conviennent bien pour un repas léger et nourrissant. Le poisson est parfois cher dans certaines régions, mais en saison, vous pouvez certainement l'acheter à bon prix.

- Recherchez toujours du poisson très frais. Un poisson frais ne doit pas avoir une odeur trop marquée. L'odeur devrait être subtile et la chair ferme.

- Si vous achetez du poisson congelé, décongelez-le lentement au réfrigérateur pour lui conserver sa texture ferme et diminuer la perte de liquide. C'est une bonne idée de cuire le poisson avant qu'il ne soit complètement décongelé. Certains cuisiniers préfèrent même le cuire alors qu'il est encore complètement congelé. Le temps de cuisson doit être doublé en ce cas.

- Il existe plusieurs façons de cuire le poisson sans utiliser de matières grasses. Frire le poisson dans l'huile n'est pas à conseiller. Il vaut mieux le pocher, le bouillir ou encore l'utiliser dans les soupes et les chaudrées. La cuisson sert à développer la saveur du poisson plutôt qu'à l'attendrir. Vous prendrez davantage goût au poisson s'il n'est pas trop cuit.

- Les poissons sont soit maigres, soit gras. Griller, rôtir ou cuire au four assèchent les poissons maigres comme la sole, le flétan, le turbot, la morue, le vivaneau et le sébaste qui contiennent tous 5 % ou moins de matières grasses. Ces poissons ont une saveur douce, la chair blanche et ferme, et sont meilleurs pochés ou bouillis.

- Le saumon, le thon, l'éperlan, la truite et l'esturgeon sont des poissons plus gras qui contiennent de 5 à 50 % de matières grasses. Leur chair est moins blanche, plus riche et a un goût plus prononcé. Comme leur contenu en matières grasses est plus important, ils conservent leur liquide durant une cuisson sèche.

- La chair d'un poisson suffisamment cuit est opaque et elle se détache facilement des arêtes. Le poisson cuit en quelques minutes à peine. Il faut généralement compter 10 minutes de cuisson par pouce (2,5 cm) d'épaisseur.

- Pour pocher le poisson, vous devez tenir compte du type de liquide utilisé et de sa température. Le poisson peut être poché dans l'eau salée, mais aussi dans une eau additionnée de vin, ou de vinaigre, d'herbes et de légumes. Ajoutez de l'oignon haché, des carottes et/ou du céleri et des herbes comme le thym, le persil et le laurier ainsi que des grains de poivre et du sel. Placer le poisson dans l'eau froide et porter à ébullition. Laisser mijoter. La température idéale est atteinte lorsque la surface du liquide frémit à peine. Presque tous les types de poisson peuvent être pochés, sauf ceux dont la chair est très grasse.

- Faites bouillir le poisson comme si vous le pochiez, à la différence que le poisson est cuit au-dessus du liquide plutôt que dans celui-ci. Adoptez cette méthode parti-culièrement dans le cas des poissons et des légumes dont la saveur est peu accentuée. Cela permet de con-server toute la saveur et tous les nutriments du poisson au lieu de les délayer dans le liquide de cuisson.

- Les marmites qui servent à cuire à la vapeur sont peu coûteuses. Les grands paniers en bambou que l'on place dans une poêle à frire font bien l'affaire. Huilez le panier à l'endroit qui sera en contact avec le poisson ou placez celui-ci sur une feuille de laitue pour éviter qu'il n'adhère au bambou. Les aliments cuisent mieux s'ils ne sont pas tassés. Si vous n'avez qu'une petite marmite, faites plu-sieurs cuissons d'une seule couche d'aliments. Laissez bouillir l'eau avant de placer le poisson dans la marmite, de manière que la chaleur le saisisse et emprisonne les jus. Les aliments devraient être au moins à un pouce (2,5 cm) au-dessus de l'eau pour éviter que les gros bouillonnements n'atteignent le poisson. L'eau peut être assaisonnée d'un peu de vinaigre, d'oignon, de céleri ou d'herbes et doit bouillir régulièrement pour produire une vapeur constante. Conservez un peu d'eau chaude à portée de la main, car il est important de ne pas laisser l'eau s'évaporer complètement.

• Les poissons peuvent également être grillés, rôtis, ou cuits au barbecue. Ces méthodes de cuisson sèche conviennent surtout aux poissons plus gras. Les filets avec la peau ou les darnes sont particulièrement bons sur le gril. Il doivent avoir une épaisseur d'au moins 1 pouce (2,5 cm) parce que les morceaux plus minces peuvent se défaire pendant la cuisson. Utilisez une température élevée et surveillez attentivement le poisson, car la cuisson au gril est rapide. Vaporisez un enduit végétal antiadhésif sur la grille ou brossez-la avec un peu d'huile ou un liquide non gras comme du jus de tomate dont vous pourrez badigeonner le poisson pendant la cuisson. Badigeonnez ensuite le poisson. Faites-le cuire sur le gril ou rôtissez-le à haute température et ne le retournez qu'une seule fois pendant la cuisson. Encore une fois, l'épaisseur du poisson déterminera la durée de cuisson.

Poisson en papillotte

Cette recette vous permet de cuire un repas complet en une seule opération. Si les membres de votre famille ont des horaires différents, préparer un paquet par personne et chacune aura un repas chaud et nourrissant quelle que soit l'heure de son retour. Et aucun chaudron à laver!

Pour préparer cette recette au four micro-ondes, utilisez du papier ciré au lieu de papier d'aluminium et placez les paquets un à un à température maximale pendant 6 à 8 minutes.

2 c. à thé	de margarine molle	10 ml
½ lb	de filets de poisson congelé	250 g
	poivre	
1	petit oignon haché	1
4 c. à thé	de jus de citron	20 ml
2	tomates tranchées	2
2 c. à thé	de mayonnaise à faible teneur en gras	10 ml
2	petites pommes de terre pelées, coupées en dés	2
2	petites carottes tranchées	2

Étendre de la margarine sur le côté brillant de deux sections de papier d'aluminium suffisament larges pour contenir la moitié du poisson et des légumes ou vaporisez le papier d'aluminium avec un enduit végétal antiadhésif.

Sur chaque section d'aluminium, placer les filets. Recouvrir d'oignon, de jus de citron et de poivre au goût. Placer les tomates sur le poisson et garnir de mayonnaise. Disposer les pommes de terre et les carottes autour du poisson.

Fermer hermétiquement le papier d'aluminium pour que les jus de cuisson ne s'écoulent pas. Placer sur une tôle à biscuit ou dans une poêle. Faire cuire à 400°F (200°C) pendant 20 à 25 minutes ou jusqu'à ce que les légumes soient tendres et que la chair du poisson se détache lorsque vous le soulevez avec une fourchette.

Donne 2 portions.

Moules ou palourdes à la vapeur

Ces mollusques constituent de merveilleux repas et sont souvent d'un prix abordable. Ils doivent avoir une apparence saine et non sèche et leur odeur doit être douce. Conservez-les dans un endroit frais et préparez-les le jour même de leur achat. Servez le jus de cuisson avec du pain en guise de trempette pendant que vous dégustez moules ou palourdes.

1 lb	de moules ou de palourdes	500 g
½ tasse	d'eau, de bière ou de vin	50 ml
1	céleri, carotte et oignon en morceaux d'environ 2 pouces (5 cm)	1

Rincer les mollusques et jeter ceux dont la coquille est cassée.

Mettre l'eau, la bière ou le vin dans une grande casserole. Ajouter le céleri, la carotte et l'oignon.

Ajouter les moules ou les palourdes, couvrir et faire cuire à feu vif pendant 4 à 5 minutes ou jusqu'à ce que les coquilles s'ouvrent et que la chair soit cuite. **Jetez les moules et les palourdes dont la coquille ne s'est pas ouverte pendant la cuisson**.

Passer le jus de cuisson à travers un tamis, un morceau de gaze ou un filtre à café et servir à part dans un petit bol.

Donne 1 portion pour un plat principal ou 2 entrées.

Poisson à l'italienne

Voici comment nous avons convaincu notre fils que le
poisson est délicieux. Il nomme cette recette la «pizza au
poisson». Pour vraiment l'apprécier, parsemez le poisson de
fromage mozzarella partiellement écrémé et gratinez-le au
four pendant les dernières minutes de cuisson jusqu'à ce que
le fromage fonde et dore. Puisque le four est chaud, profitez-
en pour préparer des pommes de terre au four en guise d'
accompagnement.

1 lb	de filets de poisson congelés	500 g
1 tasse	de légumes: tomates concassées,	250 ml
	oignons, champignons, poivrons ou	
	piments forts, aubergine pelée, maïs	
	en grains, bouquets de brocoli ou	
	de chou-fleur, ou chou râpé.	
1	boîte (10 oz/284 ml) de sauce à	1
	spaghetti	
½ tasse	de fromage parmesan râpé	50 ml
	(facultatif)	

Placer le poisson dans une casserole et le couvrir de
légumes. Verser la sauce à spaghetti et saupoudrer de
fromage parmesan (s'il y a lieu).

Faire cuire à 450°F (230°C) pendant 20 minutes ou jusqu'à
ce que le poisson se détache facilement sous la fourchette.

Donne 4 portions

Ragoût de pommes de terre et poisson

Un ami de Montréal qui a grandi en Saskatchewan m'a raconté que sa famille consommait régulièrement un plat nourrissant à base de pommes de terre en tranches et de sardines. Utilisez de préférence des sardines à l'eau.

1½ tasse	de sauce blanche classique (page 17)	375 ml
3	grosses pommes de terre, pelées et finement tranchées	3
1 à 2	boîte (3,5 oz/100 g chacune) de sardines à l'eau, égouttées poivre ou paprika (facultatif)	1 à 2

Dans une casserole, étaler par couches la sauce blanche, les pommes de terre et les sardines en finissant par les pommes de terre et enfin la sauce blanche. Saupoudrer de poivre ou de paprika (si désiré).

Faire cuire à 350°F (180°C) pendant 20 minutes ou jusqu'à ce que les pommes de terre soient tendres.

Donne 4 portions

Délice au thon

Voici une bonne façon d'utiliser des restes de poisson et de légumes pour préparer un repas rapide et nourrissant. Servez sur une tranche de pain de grain entier grillée avec une sauce au fromage.

2	tranches de pain de grain entier grillées	2
1 tasse	de légumes: bouquets de brocoli cuit, macédoine de légumes en conserve ou asperges en conserve égouttés	250 ml
1	boîte (4 oz/113 g) de thon à l'eau égoutté ou une quantité égale de restes de poisson blanc ou de saumon cuit	1

Sauce au fromage légère

2 c. à table	de fromage mozzarella partiellement écrémé, râpé	25 ml
2 c. à table	de mayonnaise à faible teneur en gras	25 ml
½ tasse	de lait écrémé	125 ml

Sauce au fromage légère

Dans une petite casserole, mélanger le fromage, la mayonnaise et le lait écrémé. Chauffer pendant quelques secondes à feu moyen en remuant sans arrêt jusqu'à ce que le mélange soit homogène.

Placer le pain grillé et les légumes sur 2 petites assiettes allant au four. Garnir de thon et de la sauce au fromage chaude.

Gratiner jusqu'à ce que le fromage dore.

Donne 2 portions

PÂTES

Les pâtes sont économiques et simples à préparer. Elles sont une bonne source de fer et de vitamines B. En les rehaussant d'une sauce de votre invention, vous aurez un repas rapide et nourrissant. Les pâtes ne contiennent pas de matières grasses ; ce sont les ingrédients que nous ajoutons qui en contiennent. Si vous réduisez le gras dans vos recettes, vous serez sur la voie d'une alimentation au goût du cœur.

- Utilisez des viandes maigres dans vos sauces. Servez-vous de bœuf et de porc haché ou, pour changer, d'une boîte de palourdes pour préparer votre sauce. Utilisez du bœuf maigre dans vos ragoûts et recherchez des recettes qui contiennent du poulet ou du thon à l'eau de préférence à des saucisses ou à du bacon très riches en gras. Lorsque la viande doit être cuite en premier, faites-la revenir dans une petite quantité d'huile végétale ou d'eau pour l'empêcher de coller.

- Réduisez la teneur en gras de vos sauces en remplaçant la crème par du lait écrémé et aromatisez-les à l'aide d'herbes, d'épices et de légumes au lieu d'utiliser des crèmes.

- Garnissez vos plats de graines de sésame, de chapelure de pain de blé entier ou de fromage râpé.

- Il n'est pas nécessaire de saler l'eau de cuisson, mais il faut en utiliser beaucoup. Le temps de cuisson varie suivant la forme des pâtes et il est préférable de suivre les indications mentionnées par le fabricant. Surveillez leur degré de cuisson. Elles doivent être tendres, mais encore fermes (al dente). Les pâtes fraîches cuisent plus rapidement. Égoutter et servir immédiatement.

- Pour gagner du temps, faites cuire le double de la quantité des pâtes dont vous avez besoin et réservez le reste pour en faire une salade le lendemain.

Lasagne au four

La lasagne, très nutritive, a une faible teneur en gras et en calories lorsque des ingrédients légers y sont ajoutés. Servez-la avec une salade. Cette recette mentionne des épinards, mais je l'ai déjà réussie en y substituant du brocoli haché.

Si vous utilisez des lasagnes précuites, il est inutile de les cuire à l'eau au préalable. Toutefois, lorsque vous les disposez dans le plat qui ira au four, laissez un espace entre chaque ruban de lasagne pour que les pâtes puissent gonfler.

4 à 6	lasagnes	4 à 6
1 lb	de bœuf ou de porc haché maigre	500 g
¼ c. à thé	d'origan séché	1 ml
2 tasses	de tomates ou de sauce à spaghetti	500 ml
1 tasse	de fromage cottage à faible teneur en gras	250 ml
1	paquet (10 oz/300 g) d'épinards décongelés et égouttés ou 10 oz (284 ml) d'épinards frais	1
1	paquet (6 oz/170 g) de fromage mozzarella partiellement écrémé, tranché ou râpé	1

Cuire les lasagnes suivant les indications du fabricant.

Dans une poêle à frire, faire revenir la viande en la défaisant avec une fourchette jusqu'à ce qu'elle soit brunie. Égoutter le gras.

Ajouter l'origan aux tomates ou à la sauce à spaghetti.

Vaporiser un plat carré de 9 pouces (2,5 l) d'enduit végétal antiadéshif. Étendre par couches la moitié de chacun des ingrédients: lasagnes, fromage cottage, viande, épinards, fromage mozzarella, tomates. Répéter l'opération.

Faire cuire à 350°F (180°C) pendant 30 minutes. Laisser reposer 5 à 10 minutes au four avant de servir.

Donne 4 à 6 portions

Lasagne aux épinards au four micro-ondes

La lasagne est délicieuse même sans viande.

4 à 6	lasagnes	4 à 6
2 tasses	de fromage ricotta fait de lait partiellement écrémé	500 ml
1	paquet (10 oz/300 g) d'épinards hachés décongelés et égouttés	1
2 tasses	de tomates ou de sauce à spaghetti	500 ml
6	tranches de fromage mozzarella partiellement écrémé	6
¼ tasse	de fromage parmesan râpé (facultatif)	50 ml

Cuire les pâtes suivant les indications.

Mélanger le fromage ricotta et les épinards.

Dans un plat carré de 9 pouces (2,5 l) allant au four micro-ondes, étendre par couches successives : ½ tasse de sauce, la moitié des lasagnes, la moitié du fromage ricotta, 3 tranches de fromage mozzarella, ½ tasse de sauce. Répéter l'opération.

Couvrir d'une pellicule plastique perforée et faire cuire à intensité maximale pendant 15 minutes en faisant pivoter le plat au moins une fois pendant la cuisson.

Saupoudrer de fromage parmesan (si désiré). Remettre le plat au four micro-ondes sans le couvrir à intensité moyenne (50 %) pendant 10 minutes. Laisser reposer 5 minutes avant de servir.

Donne 4 portions.

Palourdes et pâtes
au four micro-ondes

Simple à préparer et délicieux. Vous pouvez cultiver le persil
sur le bord de la fenêtre ou dans le jardin. Si vous le désirez,
remplacez le persil par les feuilles centrales d'un céleri.

8 oz	de spaghettini	250 g
2 c. à thé	d'huile végétale	10 ml
½ tasse	d'oignons verts émincés	125 ml
2	clous de girofle finement écrasés	2
½ tasse	de persil frais haché	125 ml
1	boîte (10 oz/284 ml) de petites palourdes et leur jus	1
1	boîte (10 oz/284 ml) de champignons tranchés, égouttés	1
¼ tasse	de fromage parmesan râpé	50 ml

Faire cuire les spaghettini suivant les indications du fabricant
en veillant à ne pas trop les cuire. Égoutter en réservant ¼ de
tasse (50 ml) d'eau de cuisson.

Pendant ce temps, mélanger l'huile, l'oignon, l'ail, le persil
et le jus des palourdes dans un grand plat allant au four
micro-ondes. Couvrir et faire cuire à intensité maximale
pendant 5 minutes. Mélanger le tout.

Ajouter l'eau de cuisson des pâtes, les pâtes, les
champignons, les palourdes, le fromage parmesan et
mélanger soigneusement.

Servir immédiatement.

Donne 4 portions.

Sauce crémeuse au thon pour pâtes

Servez cette sauce légère sur vos pâtes préférées ou sur une tranche de pain de blé entier grillée. Ajouter un soupçon de fenouil séché ou un peu de zeste de citron râpé. Les légumes que vous pouvez utiliser sont les pois, les carottes hachées, le brocoli et l'oignon.

1	boîte (7,2 oz/180 g) de thon à l'eau, égoutté	1
1 tasse	de légumes cuits CONGELE	250 ml
1 pincée	de fenouil séché et de zeste de citron râpé (facultatif)	1 pincée
2 tasses	de sauce blanche classique (page 17)	500 ml

Ajouter à la sauce blanche le thon, les légumes, le fenouil et le citron (si désiré). Réchauffer le tout.

Donne 3 tasses (750 ml)

Macaroni au fromage

Pour diminuer la teneur en matières grasses de cette recette, mélangez du fromage cheddar à faible teneur en matières grasses et du mozzarella partiellement écrémé avec un peu de fromage cheddar extra-fort ou avec le fromage préféré de votre famille. Malgré la substitution, cette recette demeure riche en matières grasses. Servez-la avec des légumes hachés et une salade de fruits pour équilibrer votre repas.

   Pour donner du piquant à une sauce au fromage à faible teneur en gras, ajoutez un peu plus de sauce Worcestershire et de moutarde, ainsi qu'un soupçon de fromage parmesan sur le dessus, mélangé à de la chapelure, ou ajouter une pincée de poivre de cayenne.

1½ tasse	de macaroni	375 ml
1½ tasse	de sauce blanche classique (page 17)	375 ml
1 c. à thé	de sauce Worcestershire	5 ml
½ c. à thé	de moutarde sèche	2 ml
1 à 1½ tasse	de fromage à faible teneur en matières grasses, râpé	250-375 ml
¼ tasse	de chapelure de pain de blé entier	50 ml
2 c. à table	de fromage râpé	25 ml

Faire cuire le macaroni suivant les indications du fabricant.

   Incorporer la sauce blanche, la sauce Worcestershire et la moutarde. Ajouter le fromage en remuant jusqu'à ce qu'il fonde.

Huiler légèrement ou vaporiser une casserole de 8 pouces (2 l) d'un enduit végétal antiadhésif. Ajouter le macaroni à la sauce au fromage et mélanger. Garnir de chapelure grillée. Saupoudrer de fromage râpé.

   Faire cuire à 400°F (200°C) pendant 15 à 20 minutes ou jusqu'à ce que le fromage bouillonne et forme une croûte dorée.

Donne 4 portions.

LÉGUMES

- Les fèves et les pois verts sont une bonne source de fibres alimentaires et leur prix est très abordable. Ajoutez-les aux recettes de chaudrées, de soupes, de plats en casserole, de sautés, de salades de riz et de pâtes.

- Choisissez les légumes frais de saison. Leur valeur nutritive et leurs prix sont alors les meilleurs. La conservation et les méthodes de préparation sont très importantes lors de l'achat de produits frais. Ne lavez ni ne coupez les légumes avant de les entreposer. Ne le faites que lorsque vous êtes sur le point de les utiliser. Faites-les cuire dans le moins d'eau possible. La cuisson au four micro-ondes est idéale pour les légumes.

- Les légumes congelés sont une alternative intéressante aux produits frais. Ces produits sont récoltés et congelés dans leur pleine saison. Conservez-les au congélateur jusqu'à utilisation.

- Les légumes en conserve sont moins coûteux que les légumes frais ou congelés à certaines époques de l'année. Cependant, au cours de leur transformation, du sel est habituellement ajouté et certains nutriments sont perdus. Il est préférable de ne pas consommer uniquement des légumes en conserve.

Les pommes de terre

Inscrivez les pommes de terre sur votre liste d'achats.
Presque tout le monde les aime et elles ne sont pas chères.

- Une pomme de terre moyenne ne renferme que
100 calories. Consommées nature, les pommes de
terre sont nutritives et ne contiennent pas de matières
grasses. Elles sont meilleures cuites entières et leur
pelure est riche en fibres.

- Les garnitures riches en matières grasses comme le
beurre, la margarine, la crème sure ou les sauces au
fromage riche devraient être remplacées soit par du
yogourt à faible teneur en gras, nature ou aromatisé
d'oignons verts hachés, de persil ou de ciboulette, soit
par un substitut de crème sure fait d'un mélange de
fromage cottage à faible teneur en matières grasses et de
jus de citron, par de la crème sure à faible teneur en gras,
par des restes de légumes accompagnés ou non de
yogourt ou d'imitation de crème sure, par de la sauce
mexicaine ou de la sauce au fromage légère (voir
page 46).

- La température de cuisson des pommes de terre varie
entre 325°F et 425°F (160°C et 220°C); on peut donc les
cuire au four en même temps que d'autres mets. Une
broche de métal introduite au centre d'une pomme de
terre accélère la cuisson. Les pommes de terre de forme
allongée sont meilleures lorsqu'elles sont cuites au four
ou au four micro-ondes; les rondes sont meilleures
bouillies.

Pommes de terre au four

Lavez les pommes de terre et piquez la peau avec une fourchette.

Disposez les pommes de terre sur la grille, autour des autres plats en train de cuire. Pour une pomme de terre moyenne:

à 425°F (220°C): 40-50 minutes
à 375°F (190°C): 50-60 minutes
à 325°F (160°C): 75-85 minutes

Elles sont cuites lorsque la pointe d'un couteau pénètre facilement en leur centre. Fendez en croix le dessus et pressez pour laisser échapper la vapeur avant de servir.

Au four micro-ondes

Vérifiez si toutes les pommes de terre sont à peu près de la même grosseur.

Lavez-les, épongez-les et piquez-en-la peau avec une fourchette. Pour ne cuire qu'une seule pomme de terre, la placer au centre du four sur une double épaisseur de papier absorbant. Pour deux pommes de terre ou plus, les disposer en étoile sur la même épaisseur de papier.

Le temps de cuisson varie en fonction du nombre de pommes de terre, de leur grosseur et de la puissance du four micro-ondes. Consultez le guide du fabricant pour la cuisson des aliments. Par exemple, quatre grosses pommes de terre d'environ 8 oz (250 g) chacune nécessitent de 10 à 15 minutes de cuisson à intensité maximale dans un four micro-ondes de 750 watts. Faites tourner les pommes de terre d'un demi-tour à mi-cuisson. Enveloppez-les d'un papier absorbant pour éliminer l'excès d'humidité. Laissez reposer 5 minutes avant de vérifier si les pommes de terre sont cuites, car la cuisson continue après leur sortie du four.

Tarte aux légumes

Voici une bonne manière d'utiliser les restes de légumes
comme le chou-fleur, les carottes, le brocoli et les haricots
verts cuits, les tomates et les courgettes crues ou les tomates
en conserve.

2 tasses	de légumes hachés	500 ml
2 c. à table	d'oignons hachés	25 ml
¼ tasse	de fromage à faible teneur en gras, râpé	50 ml
1	œuf battu	1
¼ tasse	de mélange rapide pour scones et biscuits (page 57)	50 ml
½ tasse	de lait écrémé poivre	125 ml

Vaporiser un moule à tarte de 10 pouces (25 cm) d'enduit
végétal antiadhésif.

Dans un bol, mélanger les légumes hachés, l'oignon et le
fromage et les verser dans le moule.

Dans un autre bol, mélanger l'œuf battu, le mélange rapide
pour scones et biscuits, le lait et le poivre au goût. Étendre
par-dessus les légumes.

Faire cuire à 400°F (200°C) pendant 30 à 35 minutes ou
jusqu'à ce que la pointe d'un couteau insérée au centre en
ressorte propre.

Laisser reposer 5 minutes avant de couper et de servir.

Donne 8 portions.

PÂTISSERIE

Mélange rapide pour scones et biscuits

Cette recette peut être préparée en grande quantité et conservée pendant 1 mois dans un endroit frais et sec. Peu coûteuse, elle entre dans la préparation de plusieurs recettes.

4 tasses	de farine tout usage	1 l
1½ tasse	de poudre de lait écrémé	375 ml
7½ c. à thé	de poudre à pâte	37 ml
1½ c. à thé	de sel	7 ml
2 c. à table	de sucre granulé	25 ml
¾ de tasse	d'huile végétale	175 ml

Mélanger la farine, la poudre de lait écrémé, la poudre à pâte, le sel et le sucre. Ajouter l'huile et mélanger jusqu'à l'obtention d'un mélange granuleux.

   Conserver dans un récipient hermétique en verre ou en plastique et dans un endroit frais (il n'est pas nécessaire de placer le mélange au réfrigérateur). **Durée maximale de conservation: un mois.**

Donne 7 tasses (1,75 l).

Biscuits pour le thé

4 tasses	de mélange rapide pour scones et biscuits (page 57)	1 l
¾ de tasse	d'eau	175 ml

Mélanger le tout de manière à obtenir une pâte ferme.

Placer la pâte sur une surface enfarinée et la pétrir jusqu'à ce qu'elle ne soit plus collante en ajoutant un peu de farine si nécessaire.

Abaisser la pâte à ½ pouce (1 cm) d'épaisseur. La découper en ronds de 2 pouces (5 cm) à l'aide d'un emporte-pièces ou d'un verre. Les déposer sur une plaque ou une tôle à biscuits non graissée.

Faire cuire environ 15 minutes à 425° (220°C) ou jusqu'à ce que les biscuits soient dorés. Les enlever de la plaque tant qu'ils sont encore chaud.

Donne 12 à 18 biscuits.

Variantes:

Biscuits à la cuillère: Utiliser 1¼ tasse (300 ml) d'eau afin d'obtenir une pâte plus liquide qui se prélève à la cuillère. Cette pâte demeure collante. Ne pas la pétrir ni la découper en ronds. Faire cuire environ 20 minutes à 425°F (220°C) ou jusqu'à ce que les biscuits soient dorés.
Donne 18 à 20 biscuits.

Biscuits au fromage: Ajouter ¼ tasse (50 ml) de fromage parmesan râpé ou ½ à ¾ de tasse (125 à 175 ml) de fromage fort à la recette de base. Suivre les instructions de la recette de biscuits pour le thé.

Biscuits au fromage aromatisés: Ajouter 3 c. à table (50 ml) d'oignon émincé et ½ tasse (125 ml) de poivron vert ou rouge finement haché à la recette de base. Suivre les instructions de la recette de biscuits pour le thé.

Biscuits à l'orange: Ajouter 4 c. à thé (20 ml) de sucre granulé à la recette de biscuits pour le thé. Remplacer une partie de l'eau par 1 c. à table (15 ml) de jus d'orange et ajouter 1 c. à table (15 ml) de zeste d'orange râpé. Suivre les instructions de la recette de biscuit pour le thé.

Biscuits parfumés à la cannelle: Ajouter ¼ tasse (50 ml) de sucre granulé et 1 c. à thé (5 ml) de cannelle à la recette de biscuits pour le thé. Mélanger et pétrir la pâte comme décrit plus haut. Former des boulettes de pâte au lieu d'utiliser un emporte-pièces. Mélanger ¼ tasse (50 ml) de sucre granulé et 1 c. à thé (5 ml) de cannelle dans une assiette et y rouler les boulettes de pâte. Les déposer sur une tôle à biscuit légèrement graissée et faire cuire à 350°F (180°C) pendant 10 à 12 minutes.

Scones vite faits

3 tasses	de mélange rapide pour scones et biscuits (page 57)	750 ml
¼ tasse	de sucre granulé	50 ml
⅓ tasse	de raisins	75 ml
¾ c. à thé	de poudre à pâte	4 ml
2 c. à table	d'huile végétale	25 ml
1	œuf battu	1
½ tasse	de lait écrémé	125 ml
1 c. à thé	d'essence de vanille	5 ml

Vaporiser une tôle à biscuits d'enduit végétal antiadhésif ou la graisser légèrement.

Dans un bol, mélanger l'huile, l'œuf, le lait et la vanille. Ajouter cette préparation aux ingrédients secs et bien mélanger pour obtenir une pâte molle. Ajoutez-y du lait si nécessaire.

Déposer sur une surface légèrement enfarinée. Pétrir jusqu'à l'obtention d'une pâte molle et non collante.

Abaisser jusqu'à environ ½ pouce (1 cm) d'épaisseur. Détailler en carrés ou en ronds et déposer sur la tôle à biscuits.

Faire cuire 15 à 20 minutes à 375°F (190°C) ou jusqu'à ce que les scones soient dorés.

Donne 12 à 18 scones.

Crêpes vite faites

Servez-les avec du sirop, de la sauce aux pommes, du yogourt ou de la confiture.

1 tasse	de mélange rapide pour scones et biscuits (page 57)	250 ml
¾ tasse	d'eau	175 ml
1	œuf battu	1

Battre ensemble le mélange rapide pour scones et biscuits, l'eau et l'œuf jusqu'à l'obtention d'un mélange homogène.

Graisser légèrement une grande poêle à frire. Verser une partie du mélange dans la poêle chaude ou distribuer par cuillerées à table (15 ml) pour obtenir de petites crêpes. Faire cuire jusqu'à ce que les bords soient secs et qu des bulles apparaissent. Tourner une fois, faire cuire jusqu'à ce que la crêpe soit dorée.

Donne 10 à 12 crêpes d'environ 4 pouces (10 cm).

Grands-pères vite faits

1¼ tasse	de mélange rapide pour scones et biscuits (page 57)	300 ml
½ tasse	d'eau	125 ml

Incorporer le mélange rapide pour scones et biscuits à l'eau jusqu'à l'obtention d'une pâte molle.

Déposer par cuillerées à la surface des soupes et des ragoûts. Couvrir et poursuivre la cuisson pendant 15 à 20 minutes ou jusqu'à ce que les grands-pères soient cuits. Ne pas enlever le couvercle pendant la cuisson.

Donne 10 à 12 grands-pères.

Muffins au son et canneberges

Meilleurs lorsqu'ils sont servis chauds, ces muffins sont parfaits pour le déjeuner ou la collation.

2 tasses	de céréales de son (pas de flocons)	500 ml
1½ tasse	de lait écrémé	375 ml
1 tasse	de canneberges finement hachées	250 ml
2 c. à table	de sucre granulé	25 ml
2 tasses	de farine tout usage	500 ml
1 c. à table	de poudre à pâte	15 ml
⅛ c. à thé	de sel (facultatif)	0,5 ml
¼ tasse	de miel	50 ml
2 c. à table	d'huile végétale	25 ml
1	œuf battu	1
1½ c. à thé	d'essence de vanille	7 ml

Vaporiser de l'enduit végétal antiadhésif dans 12 moules à muffins ou les graisser légèrement. Dans un grand bol, mélanger les céréales et le lait et laisser reposer 10 minutes en les remuant de temps à autre.

Dans un autre bol, mélanger les canneberges et le sucre. Réserver.

Dans un troisième bol, tamiser la farine, la poudre à pâte et le sel (si désiré).

Incorporer le miel, l'huile, l'œuf, la vanille et les canneberges aux céréales. Ajouter les ingrédients secs et mélanger jusqu'à humidification complète.

Répartir également la pâte dans les moules. Faire cuire à 400°F (200°C) environ 20 minutes ou jusqu'à ce que les muffins reprennent leur forme sous la pression du doigt.

Donne 12 muffins.

DESSERTS

Beignets soufflés

Les beignets se marient au miel, aux fraises ou à la confiture. Un peu de zeste d'orange râpé ou de muscade peut être additionné à la pâte.

Les moules en verre sont l'idéal pour cuire les beignets, mais les moules à muffins conviennent également. Vérifiez si le four est chaud avant d'y placer les beignets ou cuisez-les en même temps qu'un autre mets pour économiser l'énergie.

6	blancs d'œufs *	6
1 tasse	de lait écrémé	250 ml
2 c. à table	de margarine molle fondue	25 ml
1 tasse	de farine tout usage	250 ml
¼ c. à thé	de sel	1 ml

Vaporiser de l'enduit végétal antiadhésif dans les moules. Battre les blancs d'œufs jusqu'à ce qu'ils soient mousseux. Ajouter le lait et la margarine.

Battre à vitesse moyenne jusqu'à l'obtention d'un mélange homogène.

Ajouter graduellement la farine et le sel en battant jusqu'à l'obtention d'un mélange homogène.

Remplissez les moules aux trois quarts de cette pâte.

Cuire à 375°F (190°C) 50 minutes. Inciser le dessus des beignets cuire encore 5 minutes. Servir immédiatement.

Donne 12 beignets.

* Les jaunes restants peuvent être congelés. Si les jaunes sont destinés à un plat salé, ajouter ½ c. à thé (2 ml) de sel à chaque ¼ de tasse (50 ml) de jaune, (3 œufs). Si les jaunes sont réservés à une recette de patisserie, ajouter 1 c. à thé (5 ml) de sucre à chaque quart de tasse (50 ml) de jaune.

Garniture de lait écrémé fouetté

Essayez cette recette et la suivante sur les desserts aux fruits.

¼ tasse	d'eau froide	50 ml
1½ c. à thé	de jus de citron	7 ml
⅓ tasse	de poudre de lait écrémé	75 ml
une pincée de sel		une pincée de sel
4 c. à thé	de sucre granulé	20 ml
quelques gouttes d'essence de vanille		quelques gouttes

Dans un bol, mélanger l'eau, le jus de citron, la poudre de lait écrémé et le sel. Battre environ 5 minutes jusqu'à ce que le mélange soit mousseux.

Ajouter graduellement le sucre puis la vanille, toujours en battant. Refroidir et utiliser sans attendre.

Donne 1 tasse (250 ml)

Garniture au yogourt

1 tasse	de yogourt nature à faible teneur en gras	250 ml
1 à 2 c. à table	de cassonade	15 à 25 ml
½ c. à thé	d'essence de vanille	2 ml

Mélanger le yogourt, la cassonade et la vanille; ajouter de la cassonade si désiré.

Donne 1 tasse (250 ml).

Délicieux sorbet aux fraises

Vous pouvez préparer ce dessert glacé avec presque tous les fruits, en particulier les bleuets. Le sorbet doit être congelé par deux fois pour éviter que les ingrédients ne se séparent.

2 tasses	de fraises fraîches lavées et équeutées	500 ml
½ tasse	de sucre granulé	125 ml
1½ tasse	de yogourt nature	325 ml

Dans un bol, battre ensemble les fraises et le sucre pendant 2 minutes. Ajouter le yogourt en remuant. Verser dans un plat carré de 9 pouces (2,5 l).

Congeler jusqu'à ce que le mélange devienne solide, soit environ 2 heures. Briser en gros morceaux dans un grand bol refroidi et battre pendant 5 minutes. Verser dans un moule de 4 tasses (1 l) pour un dessert improvisé ou dans un récipient à yogourt ou à crème glacée pour conservation au congélateur. Couvrir et congeler toute la nuit.

Donne 3½ tasses (875 ml).

Sorbet à l'ananas

Pour préparer ce sorbet, il vous faut un robot culinaire ou un mélangeur-broyeur électrique. Sinon, servez-vous d'un moulin à noix; en ce cas vous obtiendrez des morceaux plus grossiers et vous devrez travailler rapidement pour éviter que le mélange ne fonde.

Vous pouvez faire cette recette avec des ananas frais. Pelez un ananas de grosseur moyenne et enlevez-en le cœur. Coupez l'ananas en morceaux et congeler. Remplacer le jus par ½ tasse de lait écrémé.

1	boîte (20 oz/600 ml) d'ananas en morceaux	1
	le jus de l'ananas	

Égoutter l'ananas et réserver ½ tasse (125 ml) de jus. Congeler les morceaux jusqu'à fermeté soit environ 1 heure.

Placer les morceaux d'ananas congelés et le jus dans le mélangeur-broyeur. Réduire en purée.

Servir immédiatement ou conserver au congélateur pour usage ultérieur.

Donne 4 portions.

Yogourt aux bananes et au miel

Le yogourt au miel accompagne à merveille tous les fruits. Essayez cette recette avec un ou plusieurs de vos fruits préférés lorsque c'est la saison.

	miel	au goût
2 tasses	de yogourt à faible teneur en gras	500 ml
2	bananes mûres de grosseur moyenne	2
	cannelle	au goût

Mélanger le yogourt et un peu de miel au goût. Trancher les bananes et les ajouter au mélange. Saupoudrer de cannelle au goût.

Donne 4 portions.

Oranges chaudes au gingembre

Ce dessert piquant peut être mangé seul ou en garniture sur du yogourt glacé. Vous pouvez remplacer l'orange par de l'ananas ou des pamplemousses.

1	orange pelée, en quartiers	1
1 c. à table	de cassonade	15 ml
	gingembre	au goût

Disposer les quartiers d'orange dans deux petits plats qui vont au four. Saupoudrer de cassonade et de gingembre au goût.

Griller pendant 5 à 6 minutes ou jusqu'à ce que ce soit bien chaud. Servir immédiatement.

Donne 2 portions.

Croustade aux fruits

Préparé avec des pommes, des pêches, des fraises, des bleuets ou une combinaison de ces fruits, ce dessert au four est délicieux. Vous pouvez utiliser des fruits frais ou en conserve ou des fruits congelés, égouttés. Parfumez la croustade avec de la cannelle, un zeste de fruit râpé ou un jus de fruit. Agrémentez-la d'une garniture de lait écrémé fouetté ou d'une garniture au yogourt (page 64).

3 tasses	de fruits tranchés	750 ml
1 à 2 c. à table	de sucre granulé	15 à 25 ml
½ c. à thé	de cannelle (facultatif)	2 ml
½ tasse	de gruau	125 ml
½ tasse	de cassonade	125 ml
¼ tasse	de farine tout usage	50 ml
¼ tasse	de margarine	50 ml

Graisser légèrement un plat à four carré de 8 ou 9 pouces (2 ou 2,5 l). Égoutter les fruits en conserve ou laver, peler et trancher les fruits frais. Disposer les fruits dans le plat. Les saupoudrer de sucre granulé et de cannelle (si désiré).

Dans un bol, mélanger le gruau, la cassonade et la farine. Incorporer la margarine jusqu'à ce que le mélange soit grumeleux. Étendre ce mélange sur les fruits.

Faire cuire à 350°F (180°C) pendant 30 à 35 minutes ou jusqu'à ce que les fruits bouillonnent et soient tendres et que la garniture soit dorée.

Donne 4 à 6 portions.

DÉJEUNERS

- Commencez la journée par des céréales riches en fibres. Le gruau, les flocons de son, le son d'avoine, les flocons de blé et le blé filamenté sont tous de bons choix. En outre, ces céréales coûtent moins cher que les céréales enrobées de sucre. Si vous ou les vôtres ne pouvez vous passer de céréales sucrées, mélangez-les par moitié à des céréales non sucrées.

- Égayez les céréales non sucrées en leur ajoutant une cuillerée de raisins, des rondelles de banane ou des baies.

- Un déjeuner doit renfermer des aliments provenant de chacun des quatre groupes alimentaires pour répondre aux besoins quotidiens. Si vous déjeunez d'un verre de jus d'orange, de céréales arrosées de lait partiellement écrémé et d'une tranche de pain grillé, vous avez 1 portion de fruits, 2 portions de produits céréaliers et au moins une demi-portion de lait. Si vous ajoutez des fruits aux céréales, éventuellement un peu de fromage sur le pain grillé et si vous buvez ½ tasse (125 ml) de lait, vous êtes même en avance sur votre quota journalier.

- Si vous avez peu de temps pour déjeuner, vous pouvez préparer au mélangeur une boisson composée de fruits, de lait, de yogourt et de miel ou de germe de blé. Vous pouvez aussi opter pour des aliments moins conventionnels comme les trempettes de fruits et de yogourt ou un sandwich grillé comme la surprise à la sardine (page 76) ou le sandwich au maquereau (page 74). Laissez-vous guider à la fois par vos goûts et par les quatre groupes alimentaires recommandés.

- Pour des déjeuners savoureux, inspirez-vous des recettes qui suivent. Servez-les avec du beurre de prune et de pomme (page 86) ou de la tartinade au miel et aux noix (page 87) qui remplacent le beurre ou la margarine.

Muffins au son et aux canneberges (page 62)

Biscuits parfumés à la cannelle (page 59)

Biscuits au fromage ou à l'orange (page 58-59)

Crêpes vites faites (page 61)

Grignotises

Les barres «granola» vendues au supermarché sont chères et très riches en matières grasses et en sucres. En les faisant vous-mêmes, vous en diminuerez le coût et vous pourrez contrôler la teneur en sucre et en matières grasses. À cette recette de base, vite préparée, vous pouvez ajouter du germe de blé, des graines de tournesol, des noix hachées ou des fruits séchés.

3 c. à table	de margarine molle	50 ml
¼ tasse	de cassonade ou de miel	50 ml
¼ tasse	d'eau	50 ml
2½ tasses	de gruau ordinaire (pas à cuisson rapide)	625 ml
½ tasse	de céréales de son	125 ml

Dans une casserole, mélanger la margarine, la cassonade et l'eau. Faire cuire jusqu'à ce que le sucre soit fondu. Laisser refroidir un peu.

Verser sur le gruau et les céréales de son dans une casserole peu profonde. Fouetter. Étendre le mélange sur ¼ de pouce (5 mm) d'épaisseur.

Faire cuire à 350°F (180°C) pendant 15 à 20 minutes ou jusqu'à ce que le mélange soit doré, en mélangeant 1 ou 2 fois. Refroidir et conserver dans un récipient hermétique. Date limite de conservation: 6 mois.

Donne 3 tasses (750 ml).

Triangles aux pommes et aux raisins

Si vous n'avez pas de pain aux raisins, essayez cette recette sur une tranche de pain de blé entier que vous parsèmerez de raisins avant de la recouvrir de sauce aux pommes.

1	tranche de pain aux raisins	1
2 c. à table	de sauce aux pommes	25 ml
	cannelle	

Griller la tranche de pain aux raisins. Y étendre la sauce aux pommes. Saupoudrer de cannelle au goût. Faire griller au four jusqu'à ce que la sauce bouillonne. Couper en triangles et servir.

Donne 1 portion.

LUNCHS ET GOÛTERS

• Un lunch préparé chez soi est moins cher et souvent meilleur pour la santé que les mets du restaurant du coin. Emportez une salade, un muffin, un fruit frais ou un yogourt. Utilisez du pain pita de blé entier, du pain à grain entier ou du pain de son. Beurre d'arachide et banane, concombre et tomate ou sardines sont de bons choix de sandwiches.

• Une tranche de rôti de bœuf ou de porc peut servir à faire une excellente collation. La viande contient moins de gras et de sel et est moins coûteuse que la charcuterie. Tranchez finement le rôti et tartinez les sandwiches de différentes moutardes, de raifort, de ketchup ou de mayonnaise légère. Emportez séparément de la laitue, des fèves germées, des tomates ou des oignons pour donner un peu de croustillant aux sandwiches.

• Emportez des pâtes garnies de sauce tomate sans viande et à faible teneur en gras ou une soupe aux pois cassés et un petit pain de blé entier.

• Un pain chaud aux fines herbes est meilleur pour votre santé que du pain à l'ail débordant de fromage. Prenez du pain tranché rassis et étendez-y de la margarine. Saupoudrez de persil, d'origan, de fenouil et, à l'occasion, de parmesan. Grillez la tranche au four ou réassemblez le pain, enveloppez-le dans du papier d'aluminium et faites-le cuire au four à 400°F (200°C) pendant 10 minutes.

• Voici de bonnes idées de goûters: des fruits frais, des légumes crus avec une trempette, du fromage à faible teneur en gras (mozzarella à base de lait écrémé ou partiellement écrémé) et des bouchées de pita, du maïs soufflé sans beurre ou du yogourt à faible teneur en gras garni de fruits. Tous ces aliments sont également de bonnes sources de fibres.

• Pour apaiser votre appétit, mangez des bâtonnets de pain ou des petits pains de blé entier sans y ajouter de matière grasse.

Garniture de sandwich au maquereau

Étendez cette garniture sur une tranche de pain grillé ou remplissez-en un sandwich de pain à grain entier ou un pain pita. Cette garniture peut aussi être préparée avec du thon. Ces deux poissons ont un goût très prononcé. Un peu de garniture peut donc servir à faire beaucoup de sandwiches.

1	boîte (14 oz/398 ml) de maquereau, égoutté	1
¼ tasse	de sauce chili	50 ml
¼ c. à thé	de poudre d'ail	1 ml
2 c. à thé	de jus de citron	10 ml

Enlever la peau du maquereau et l'émietter. Bien mélanger avec la sauce chili, la poudre d'ail et le jus de citron.

Donne 6 portions.

Sandwich au poisson de Franny

Thon et saumon demeurent les favoris, mais il existe d'autres poissons, mollusques ou crustacés tout aussi bons et souvent plus économiques. Tous sont délicieux dans les sandwiches et les pains pita. Essayez les conserves de maquereau, de sardine ou de crabe. Les restes de poisson déjà cuit sont également excellents.

1	boîte (6½ oz/184 g) de thon, saumon ou autre poisson à l'eau	1
½ tasse	de fromage cottage à faible teneur en gras, réduit en purée	125 ml
3 c. à table	de céleri finement haché	50 ml
2 c. à table	d'oignon vert finement haché	25 ml
4	pains pita ou 8 tranches de pain tomates tranchées laitue hachée ou luzerne	4

Égoutter le poisson et l'émietter. Y incorporer le fromage cottage, le céleri et l'oignon.

Remplir les pains pita ou les sandwiches avec le mélange de poisson, les tranches de tomate et la laitue ou la luzerne.

Donne 4 portions.

Surprise à la sardine

Nous qualifions cette recette de «surprise» parce que nous avons été étonnés de constater que les Canadiens et Canadiennes mangeaient des sardines avec autant d'aliments divers! Choisissez des sardines à l'eau. Les recettes ci-dessous tentent de vous faire prendre goût à ce poisson bon marché. Efforcez-vous d'inventer vos propres recettes.

2	tranches de pain	2
1	boîte (3,5 oz/100 g) de sardines à l'eau poivre	1

Groupe I
1 c. à thé (5 ml) ou moins de:
moutarde, vinaigre de malt, ketchup, mayonnaise légère ou crème sure à faible teneur en matières grasses.

Groupe II
Concombre finement haché
Tomate en tranches
Cornichon tranché
Laitue hachée
Germe de luzerne

Faire griller le pain. Égoutter les sardines et les écraser. Mélanger avec un élément du groupe I.

Placer un élément du groupe II sur le pain et le recouvrir de sardine. Poivrer au goût.

Couper le pain en quatre.

Donne 1 portion.

PIZZA

Soyez économe: faites votre propre pizza en moins de temps qu'il n'en faut pour vous en faire livrer une. Par le fait même, vous pourrez réduire la teneur en matières grasses.

Pâte à pizza

Achetez une croûte à pizza déjà cuite au supermarché ou achetez de la pâte à pizza fraîche ou congelée, prête à garnir. De la pâte à pain congelée convient également. Décongelez-la et partagez-la deux. Étirez-la en ronds d'une épaisseur d'environ ½ pouce (1 cm) et pincez les bords pour former la croûte. Brossez la pâte avec de l'huile végétale.

Vous pouvez remplacer cette pâte par des muffins anglais, du pain pita ou des bagels que vous couperez en deux pour en faire des pizzas individuelles. Chacun peut alors préparer sa pizza avec les ingrédients mis à sa disposition.

Vous pouvez aussi faire la pâte vous-mêmes.

Pâte à pizza facile

¼ tasse	d'eau	50 ml
1½ tasse	de mélange rapide pour scones et biscuits	375 ml

Combiner l'eau et le mélange rapide pour scones et biscuits et travailler le tout jusqu'à ce que la pâte soit ferme.

Déposer la pâte sur une surface légèrement enfarinée et la pétrir doucement de 6 à 8 fois environ. Abaisser la pâte en rond jusqu'à ce qu'elle ait environ ¼ pouce (5 mm) d'épaisseur. Déposer la pâte sur une tôle à biscuits et pincer les bords pour former la croûte.

Pizza au four: Vaporiser d'enduit végétal antiadhésif ou graisser légèrement un moule à pizza. Placer la pâte sur le moule. Badigeonner de sauce et garnir de fromage râpé et des autres ingrédients. Faire cuire à 425°F (220°C) pendant 10 à 15 minutes ou jusqu'à ce que le fromage bouillonne et que la garniture soit dorée.

Pizza au barbecue: Faire griller la pâte sur le barbecue à température basse à moyenne pendant 5 à 10 minutes ou jusqu'à ce qu'elle soit brune. Tourner la pâte, y étendre la sauce, le fromage et les ingrédients désirés. Faire griller à couvert pendant 10 à 12 minutes ou jusqu'à ce que le fromage soit fondu et que la pizza soit chaude. Si le dessous brunit trop, élever la grille ou écarter la pizza de la source de chaleur.

Ingrédients

Utilisez les ingrédients de votre choix, mais évitez les viandes préparées comme le pepperoni, le salami ou le bacon qui sont les principales sources de matières grasses d'une pizza.

Fruits de mer: poissons, chair de crabe, moules, palourdes ou homard.

Volaille: poulet ou dinde

Viande: porc ou bœuf haché précuit dont le gras a été égoutté.

Légumes: tomates, maïs en grains, oignons, champignons, poivrons doux ou piquants, aubergines pelées, brocoli ou chou-fleur.

Fromage: mozzarella partiellement écrémé, fromage à faible teneur en matières grasses ou parmesan.

Pizza végétarienne

Voici la recette d'une de nos pizzas préférées.

1	croûte à pizza de 12 pouces (30 cm)	1
½ tasse	de sauce tomate	125 ml
1½ c. à thé	d'origan séché	7 ml
un demi	poivron vert, haché	un demi
1	tomate, hachée	1
½ tasse	de petits bouquets de brocoli	125 ml
½ tasse	de champignons, tranchés	125 ml
1	petit oignon, tranché	1
1 tasse	de fromage mozzarella partiellement écrémé	250 ml
une pincée	de flocons de piment fort (facultatif)	une pincée

Déposer la pâte sur un moule à pizza ou une tôle à biscuits non graissée. Étendre la sauce tomate sur la pâte et saupoudrer d'origan.

Ajouter les poivrons verts, la tomate, le brocoli, les champignons et l'oignon.

Saupoudrez de fromage et de flocons de piment fort (si désiré). Faire cuire à 450°C (230°C) pendant 10 à 15 minutes ou jusqu'à ce que le fromage bouillonne et que la croûte soit dorée.

Donne 2 portions.

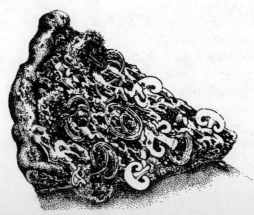

Les trempettes

Ne laissez pas une fringale subite détruire vos saines habitudes alimentaires. Essayez plutôt ceci:

Fruits frais
Fromage à faible teneur en matières grasses (mozzarella écrémé ou partiellement écrémé)
Maïs soufflé sans beurre
Yogourt à faible teneur en matières grasses garni de fruits

Si vous ne pouvez résister à l'attrait des trempettes, voici quelques suggestions pour alléger vos trempettes préférées et quelques nouvelles recettes à faible teneur en matières grasses. Les aliments à tremper les plus prisés comme les croustilles et les nachos sont riches en matières grasses, en calories et en sel. Les légumes crus sont un bien meilleur choix. Faites donc l'essai:

- du concombre épépiné, coupé en morceaux;
- du navet, coupé en bâtonnets;
- des champignons dont vous couperez les plus gros morceaux;
- des tomates cerises munies de leur tige pour faciliter leur trempette;
- de bâtonnets de céleri dont les tiges du centre sont les plus tendres;
- des endives belges dont vous ôtez, rincez et séchez les feuilles en éliminant le cœur au goût amer;
- des asperges dont vous retranchez la partie ligneuse et conservez les tiges;
- des poivrons de toutes couleurs dont vous enlevez les parties blanches;
- des oignons verts dont vous n'utilisez que la partie blanche et la partie vert pâle;
- de la laitue dont vous n'utilisez que les petites feuilles du centre;
- des courgettes coupées en lanières;
- des carottes: carottes naines entières ou carottes en bâtonnets.

Certains légumes seront meilleurs pour les trempettes s'ils ont été blanchis pendant 3 à 5 minutes, puis plongés dans l'eau glacée pour arrêter la cuisson.

- les haricots verts, jaunes ou chinois coupés en morceaux
- le maïs, les épis miniatures
- les bouquets de chou-fleur
- le brocoli en petits bouquets

Pour des collations plus sucrées, choisissez des fruits riches en fibres comme les poires, les pommes, les oranges, les nectarines et les bananes avec, pour trempette 1 tasse (250 ml) de crème sure à faible teneur en matières grasses additionnée, au goût, de cassonade.

Révision du contenu de vos trempettes

Commencez par substituer des produits de faible teneur en gras à vos fromage à la crème, mayonnaise et crème sure. Souvenez-vous toutefois que le yogourt nature à faible teneur en gras liquéfiera plus facilement les trempettes que le yogourt ordinaire. Ajoutez pour moitié de la crème sure au yogourt préconisé. Rétablissez les proportions à la suite de cet essai.

Au lieu de:	calories	grammes gras	Substituez-y:	calories	grammes gras
½ tasse (125 ml) de fromage cottage à 4 % de M.G.	120	5	½ tasse (125 ml) de fromage cottage à 1 % de M.G.	90	1
1 oz (30 g) de fromage à la crème	100	10	1 oz (30 g) de fromage à la crème allégé	60	5
¼ tasse (50 ml) de mayonnaise	400	44	¼ tasse (50 ml) de mayonnaise allégée	232	20
½ tasse (125 ml) de crème sure	238	23	½ tasse (125 ml) de crème sure à faible teneur en matières grasses	110	6,5
1 tasse (250 ml) de yogourt nature	139	7	1 tasse (250 ml) de yogourt nature sans matières grasses	127	0

Croustilles au pita

Pour remplacer les craquelins riches en gras, essayez un Toast Melba, des craquelins à grain entier ou à faible teneur en gras ou des biscottes. Fabriquez vos propres croustilles avec des pitas ou des tortillas. C'est une autre façon de diminuer votre consommation de gras et de sel.

4	pains pita au blé entier de 6 pouces (15 cm) de diamètre	4

Découper le pourtour des pitas et séparez-les en deux cercles. Couper chaque cercle en 8 bandes. Aligner ces bandes côte à côte, la face moelleuse vers le bas, sur une tôle à biscuits.

Faire cuire à 300°F (150°C) pendant 10 à 12 minutes ou jusqu'à ce que le tout soit croustillant et légèrement doré. Servir chaud ou à la température ambiante. Conserver dans un récipient hermétique.

Donne 64 croustilles.

Croustilles aux tortillas

8	tortillas de maïs	8
2 c. à table	d'huile végétale	25 ml
½ c. à table	de gros sel (cacher)	2 ml

Brosser légèrement les deux faces des tortillas avec un peu d'huile, puis les empiler l'une sur l'autre. Trancher la pile en deux et couper chaque moitié en quatre bandes. Disposer les tortillas côte à côte sur une tôle à biscuits. Saupoudrer de sel.

Faire cuire à 400°F (200°C) pendant 6 à 8 minutes ou jusqu'à ce que les tortillas commencent à se rouler et à devenir croustillantes. Servir chaud ou à la température ambiante. Conserver dans un récipient hermétique.

Donne 64 croustilles.

Trempette aux haricots Pinto

Le jus de légume utilisé dans cette recette remplace la presque totalité des matières grasses contenues habituellement dans les haricots frits et les trempettes aux fèves.

2 c. à thé	d'huile végétale	10 ml
¼ tasse	d'oignon émincé	50 ml
½ c. à thé	d'ail émincé	2 ml
½ c. à thé	de poudre de chili	2 ml
une pincée	de cumin broyé	une pincée
1	boîte (16 oz/454 g) de haricots pinto, égouttés et rincés	1
⅓ tasse	de jus de légume	75 ml

Dans une casserole à fond épais, de format moyen, faire chauffer l'huile. Ajouter l'oignon et l'ail. Faire cuire à feu moyen pendant 2 à 3 minutes ou jusqu'à ce que l'oignon commence à attendrir.

Ajouter la poudre de chili et le cumin et remuer pendant 30 secondes. Ajouter les haricots et le jus de légume. Bien écraser à l'aide d'un pilon à pommes de terre. Poursuivre la cuisson jusqu'à ce que la préparation commence à épaissir et ait l'apparence d'une pâte.

Servir chaud.

Donne 1 ½ tasse (375 ml)

Trempette au cresson et au concombre

Au printemps, le cresson pousse à l'état sauvage dans les cours d'eau. Vous pouvez aussi en trouver au supermarché. Si la crème moitié-moitié sure n'est pas disponible, remplacez-la par ⅓ de tasse (75 ml) de crème moitié-moitié ordinaire additionnée d'une cuillerée à thé (5 ml) de jus de citron ou de vinaigre.

2	concombres moyens	2
1 tasse	de cresson haché grossièrement	250 ml
⅓ tasse	de crème moitié-moitié sure	75 ml
⅓ tasse	de yogourt nature sans gras	75 ml
2 c. à table	de sauce à salade italienne légère	25 ml

Peler les concombres, les couper en deux dans le sens de la longueur et enlever les graines. Râper grossièrement. Placer le concombre râpé dans une serviette et ôter le jus en excès.

Dans un bol, mélanger le concombre, le cresson, la crème moitié-moitié, le yogourt et la sauce à salade.

Donne 2 tasses (500 ml)

Beurre de prune et de pomme

Cette tartinade, riche en fibres et à faible teneur en matières grasses est une saine alternative au beurre ou à la margarine. Elle est trop savoureuse pour que vous en gardiez le secret; offrez-la donc en cadeau à vos amis.

1 lb	de prunes dénoyautées (2½ tasse/625 ml)	500 g
3	pommes vertes sures de format moyen, pelées, évidées et coupées en quartiers	3
1½ tasse	de jus de pomme non sucré	375 ml
⅓ tasse	de gingembre cristallisé	75 ml
1 c. à thé	de jus de citron	5 ml

Dans une grande casserole de 12 tasses (3 l), mélanger les pommes, les prunes, le jus de pommes et le gingembre. Porter à ébullition. Baisser le feu, couvrir et laisser mijoter doucement pendant 10 minutes.

Enlever le couvercle et poursuivre la cuisson en remuant de temps à autre pendant 10 à 15 minutes ou jusqu'à ce que les fruits soient tendres et que le jus soit presque évaporé.

Retirer du feu, ajouter le jus de citron en remuant. Réduire en purée au robot culinaire ou au mélangeur. Laisser refroidir, couvrir et conserver au réfrigérateur. Durée maximale de conservation: 3 semaines.

Donne environ 3½ tasses (875 ml)

Tartinade au miel et aux noix

Cette tartinade est spécialement bonne sur le pain aux raisins ou garnie de tranches de kiwi ou de tomate. Régalez-vous-en, avec modération toutefois, car les graines et les noix sont riches en matières grasses.

2 tasses	d'arachides non salées, rôties à sec	500 ml
¼ tasse	de graines de tournesol, rôties, décortiquées	50 ml
3 c. à table	d'huile végétale	50 ml
1 c. à table	de miel	15 ml

Réduire en purée les arachides, les graines de tournesol, l'huile végétale et le miel au robot culinaire ou au mélangeur. Le mélange formera une boule et ne deviendra pas très crémeux.

Couvrir et conserver au réfrigérateur. Durée maximale de conservation : 6 semaines.

Donne 1½ tasse (375 ml).

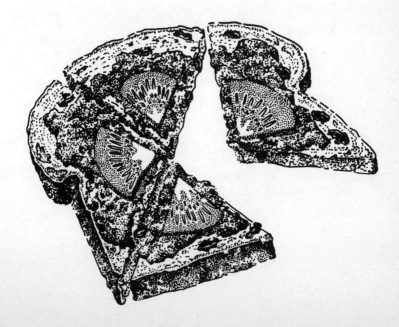

Bonbons à la gelée de fruits

Idéal pour les fêtes d'enfants (sans trop de dégâts) ou si
vous avez le goût de grignoter en regardant la télévision. Si
quelqu'un de votre entourage souffre de diabète, utilisez le
Jell-O avec agent édulcorant. Les bonbons auront aussi bon
goût. Vous pouvez également couper les bonbons en
bâtonnets ou en d'autres formes.

3	paquets (3 oz/100 g chaque) de Jell-O de n'importe quelle saveur	3
4	sachets (¼ oz/7 g) de gélatine neutre	4
4 tasses	d'eau bouillante	1 l

Dans un bol, mélanger le Jell-O, la gélatine et l'eau
bouillante. Remuer jusqu'à dissolution complète.

Verser dans un plat carré de 9 pouces (3,5 l) et réfrigérer
jusqu'à l'obtention d'une texture ferme. Couper en carrés de
1 pouce (2,5 cm).

Donne 97 carrés.

Bouchées aux fibres

Prunes dénoyautées
Beurre d'arachides croquant

Aplatir légèrement les prunes. Déposer 1 c. à thé (5 ml) de beurre d'arachides croquant entre deux prunes.

Envelopper dans un papier d'aluminium ou de plastique et tortiller les bouts pour sceller le bonbon.

Gelée au café

Ces bonbons se conservent au réfrigérateur pendant 1 semaine. Si vous les servez au dessert, garnissez-les d'une garniture pour dessert faible en matières grasses.

1 c. à table	de gélatine neutre	15 ml
¼ tasse	d'eau froide	50 ml
1½ tasse	de café fort bouillant	375 ml
⅓ tasse	de sucre granulé	75 ml

Dans un bol, mélanger la gélatine et l'eau froide.

Ajouter le café et le sucre et remuer jusqu'à dissolution. Refroidir. Verser le mélange dans des moules à dessert individuels ou dans un plat carré de 8 pouces (2 l). Réfrigérer jusqu'à durcissement. Couper en bandes ou en carrés.

Donne 20 bonbons.

Index